大切な家族と自分を災害から守る はじめての防災ブック

国崎信江 監修 ｜ クリエイティブ・スイート 編著

ナツメ社

防災って何からはじめるの？

えーと
グラス…
ヒー
ジュース
どうぞ
どうしたの？
マサコさん
ようすが
変だよ？
ハァ
ハァ
ごめんなさい、
アサエさん
じつは私、
見えるんです！
見える……
といいますと
ハァ
ハァ
霊!?
ヒーーッ
いいえ、私
地震災害が
起きると
どうなるかが
見えるんです
ジュース♪
ホラ！
ピカー
グラグラ
すごーい
!?
これうち!?
ひえー！
えらいことに
なってるー！
ぐっちゃ…

国崎です
じつは私、国崎先生の弟子でして、防災マニアなんです
もしよかったらアサエさんも今日から防災片づけしてみませんか？
この家はまだまだ改善の余地があると思うんです
もしここに娘がいたら……
ママ
ゾッ
マサコさんありがとう！私、やってみたい！
ガシッ
ぜひ、一緒にやりましょう！今度、私の家にも遊びに来てください
こんにちはー
すごーい！おしゃれ!!これで防災仕様になってるの？？
国崎先生の、インテリアをあきらめない防災を目指しているんです

でも、よく見てください
電話機一つにも
下にすべり止めシートを
敷いてます
このすべり止めシートは
100均で買えますよ
食器の下にも
照明は地震対策として
天井の直付けタイプが
理想なんですけど
こーゆー
オシャレな雰囲気も
あきらめたくなかったので
ペンダントライトに
照明の素材は
シリコンなので
割れることもないです
わあー
背の高い本棚も
固定してるわけね
スーパータックフィット
本もギッシリ
詰めることで
落ちてくることを
防いでいます
ギッシリ
次はキッチン
気になるわ！

キッチンは
凶器になるものが
いっぱいあるので
念入りに
防災対策をしたい
場所なんです
ぴゅんっ
ガシャ
割れ物
刃物
炊飯器
トースター
開き戸にはすべて
耐震ラッチを
付けています
カチ
ヘェー
たとえば大きな揺れを
感知すると自動的にロックして
揺れが収まると
自動的に解除するタイプのもの
グラグラ
カチ
もちろん
すべり止め
しいてる
引き出し用
へえぇー！
そんなグッズあるんだ！
でも、
お高いんでしょ？
ホームセンターで
買える価格帯です
普段は使いやすく
非常時に
働いてくれる防災を
目指してますから
そうねえ、
ウチのキッチンは
最悪な状況に
なってたもんね……
あとウチには
食料庫もあるんですよ
こちらです

そうね、
主婦としてはやっぱり
〝食べること〟は気になる！
うちの息子は
よく食べるからな
ママー
おなかすいた
さすが
マサコさん
ウチの備蓄は1カ月分
家から出られなくなったり、
買い占めが起こった事態に
備えています
カラーカラ
普段から食材を使いながら
補充しているので
ムダにはなりません
今日は
これ食べよ
中華丼
スーパーみたいっ
備蓄リスト（例）
米……約30kg
パスタ（乾）……約3kg
そうめん……約3kg
レトルト食品……約20袋
インスタントラーメン……約20袋
インスタントスープやみそ汁……約20袋
ペットボトルや缶飲料……約100本
缶詰……約25缶
コーンフレーク……4袋
乾物類、お菓子など
まずは10日分だけでも
備えることを
目指してください
10日分
よーし！
ウチも防災
やるぞおー！
まずは
防災リュック
買おう！
おおっと、
アサエさん

防災の基本は「何か買う」ことじゃないんですよ！
防災グッズを買う
エ！違うの!?
じゃなに!?
ウチの夫がそうだったんですけど
よーし
ポチッとな
とりあえず防災リュックを購入して満足してしまう人って多いんです
ベッドルーム用
リビング用
防災リュック
ランタン一つもキャンプ用と兼用できる高いものを買ったり……
どうだっ
それで中身も確認していないからいつの間にか非常食の賞味期限が切れてしまったり
1999年に買ったんだ…
非常食
ガラケー時代の充電器…
防災リュック
あ、ウチのダンナもそのタイプだ
コレめっちゃよさそう!!
防災でいちばんにやることは、まず現状の把握です
家の中を点検することです
チェック

そして家の中で不安がある場所を見つけだしておくことです
グッズを買うのはその後で
ウチはリビングのテレビが倒れないか心配なんだよね
ソレ!!私もお宅にお邪魔した時に思っていました!
みんなのたいそう
!!!
ドタ バタ
心配なところは被害がある！と思って対処するべきでしょう
モノを見直す・減らす配置を変えることも十分防災対策になるんです
ろうかのモノを減らすとか…
なるほどー それなら今からできる
そう、今できることをまずやっていきましょう
防災グッズも100均で済むものと
お金をかけるべきものとメリハリをつけたグッズ選びが必要なんです
すべり止め
スーパータックフィット
あなたが守りたいものは何か一緒に考えていきましょう

登場人物紹介

本書はアサエさんが、防災の達人であるマサコさんと出会うことから防災に目覚め、周囲の協力を得ながら成長していく物語です。

マサコ

この本の監修・国崎信江先生の弟子。防災意識が達人レベルに高く、「もし今、災害が起きたらこうなる」という映像をプロジェクターのようにメガネから映し出せる特殊能力をもつ。姉御肌な性格。

マイコ

マサコの娘。おおらかな性格。

ラブ

マサコの家で飼っているラブラドール犬。

アサエ

本書の主人公。防災意識は低め。節約好きな専業主婦。楽観的な性格。

ノブオ

アサエの夫。「策士策に溺れる」タイプで、防犯グッズやアウトドアグッズのスペックにこだわるけれど買うだけで満足する。

ハルキ

アサエの息子。ゲーム好き。妹思いのお兄ちゃん。

ユメ

アサエの娘。チャキチャキしているタイプ。

もくじ

Chapter 1 今日からはじめる防災生活習慣

Chapter 2 今週中にはじめる防災生活習慣

Chapter 3

今年中にはじめる防災生活習慣

Chapter 4 今すぐ買いたいグッズ

Chapter 5

できれば買いたいグッズ

Chapter 6

知っておくだけで役立つこと

Chapter 1 今日からはじめる防災生活習慣

「防災は事前対策が8割」といわれます。逆にいえば、実際に災害が起こってからできることはせいぜい2割だということです。というと、高い防災グッズを用意して、救命講習に参加しようなどと思われるかもしれません。それよりも前に、今すぐできることはたくさんあります。

家の中を見直してみよう!

今日マサコさんのお家に遊びに行ったんだけど防災もバッチリですごかったわ～!

すごいオシャレなおうちだった!

防災ねえ

なぬ!?

大地震が…

何かあったらやろうと思うけどそのうち忘れるんだよなー

そうなのよ懐中電灯を何年か前に買ったけどユメが遊んでるうちに電池が切れたまんまだし

キャッキャッ

パクパク

わー おもしろ～い♪

パチパチ

これを機会にわが家も防災に取り組もう!

よーし、いいぞ!

ごはんつぶ…

じゃあママに任せるからがんばって!

よっ我が家の防災大臣

ねっ

おーいっ

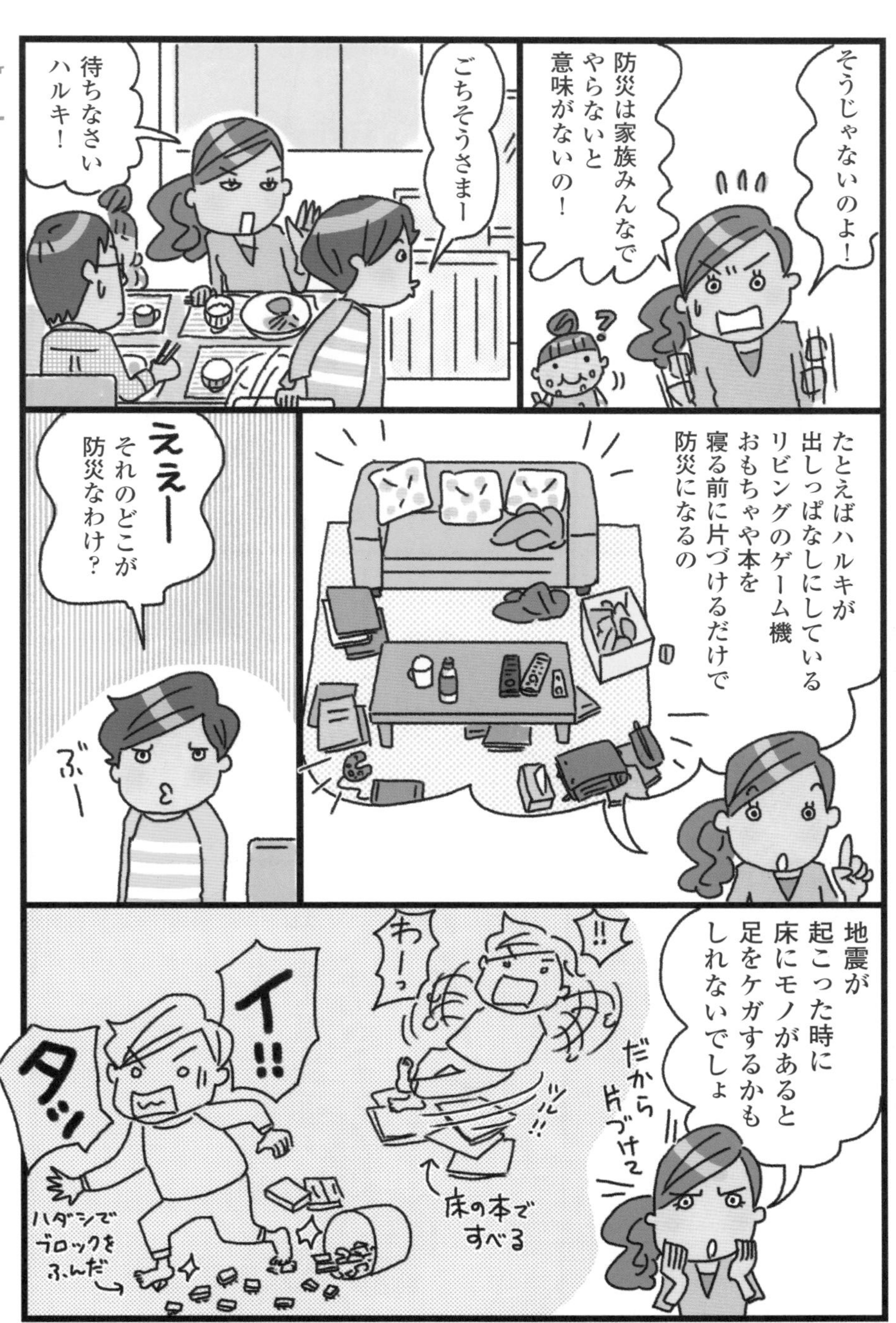
そうじゃないのよ！
防災は家族みんなでやらないと意味がないの！
ごちそうさまー
待ちなさいハルキ！
たとえばハルキが出しっぱなしにしているリビングのゲーム機おもちゃや本を寝る前に片づけるだけで防災になるの
えぇーそれのどこが防災なわけ？
ぶーー
地震が起こった時に床にモノがあると足をケガするかもしれないでしょ
だから片づけて
わーっ
!!
ツル!!
床の本ですべる
イ!!
タッ
ハダシでブロックをふんだ

リビングのテレビ台も
なんとかしないとねえ
オシャレDIYに
凝ってた時に
レンガ積みにしたけど……
レンガ
じゃあさ
壁一面が棚になっていて、
テレビが置ける
テレビボード買おうか！
バーン
あった！
こんな感じどう？
うん、
いんじゃない？
いくら？
…
高いな！
ダメ
ダメ
それに
ちょっと高さが中途半端
天井に突っ張り棒を入れて
固定しないと
余計に危ないし
私の美意識が
それは許さんっ
ダメだ
ガチーン
ツッパリ
ガチーン

重心を低くするってのが防災の基本らしいよ
現状 アサエ作 レンガを積んだだけ テレビ台
そうだ！背が低くて重心が低いやつこんな感じ？
どーん
安定感
なるほどね！これならまだマシな値段
よーし、この観点で家の中のモノを見直していこう！
オー!!

防災とすてきな暮らしは両立できる！

今すぐできる備えの第一歩 まずはモノを減らす！

家の中にある不要なモノは、思い切って断捨離を。スッキリと片づいた部屋は暮らしやすいですし、なにより気分がいい！　そして、防災の観点で見れば、とても安全。一石二鳥以上の価値があります。

断捨離をうまくやるコツは、場所ごとに取り組むこと。今日はクローゼット、今日は食器棚……というように取り組む場所を決め、「要る」か「要らないか」に絞って取り組みましょう。

「高かったから」「まだ着られる」といっていてはいっこうに減りません。リサイクルを利用すれば、必要な人に渡り、モノが生かされるので気持ちもスッキリします。

収納するための新家具購入はNG!!

ハンガーの数や引き出しに入れる枚数を決めて、それ以上は増やさないことが大切です。

食器はもちろん、鏡、シャンデリアも

買い替え時には一考を 家の中の割れ物を減らす

熊本地震（２０１６年）において、**家の中で発生したケガの約６％が割れたガラス**によるものです。そう考えると、家の中の割れ物は少ないほうがベター。

たとえば食器。割れない材質の食器もありますし、ガラスでも割れにくいものもあります。鏡も同様に割れない素材を用いた製品があります。

照明器具にも注意が必要です。シャンデリアなどは地震の揺れで落ちてくるとたいへんです。ガラス製の置物も防災という観点では見直したほうがよいでしょう。

また地震の際、ガラスは衝撃だけでなく、何かとぶつかって割れることも多くあります。ガラスを使った家具があれば、その配置にも気を配りましょう。

2016年熊本地震における室内での受傷の原因

調査数 211 人

不明 4.3%
その他 4.7%
家具・家電製品の転倒・落下 34.1%
柱・梁など建物構造材の下敷き 21.8%
非構造部材の落下など 10.4%
本人の転倒・転落 19.0%
ガラス・金属などの破片 5.7%

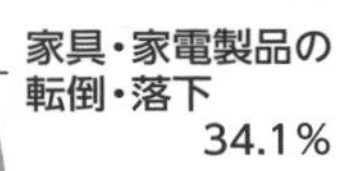

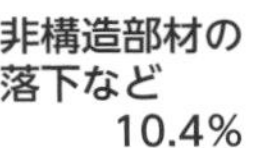

集計：国立研究開発法人防災科学技術研究所　室内空間を中心とした機能維持のための研究会（消防出動記録より）

家の中のモノは災害時の障がい物

おもちゃはフタ付きのカゴに放り込む

子どもがいる家庭では、おもちゃがたくさん出しっ放しになりがち。けど、これは防災的には危険。避難する時に踏んでケガでもしたら災難です。片づけなさいとしかるよりも、片づけも遊びの一つになるくらい楽しい収納にしたいものです。

おすすめはバスケット収納。「積み木」「ぬいぐるみ」「くるま」など、中に入れるモノのイラストを描いたフタを付けておいて、ずらりと並べましょう。子どもにおもちゃを渡しながら「これはどのカゴかな〜？」と問いかければ、遊びながらお片づけが完了しますし、見た目にもかわいいです。地震の揺れなどで中身が出てこないよう、棚板にはすべり止めシートを。

しかるよりも、遊びの一つに！

遊んだおもちゃはお家に帰してあげないとかわいそうよと伝えるのも効果的です。

おもちゃの収納グッズ

● おもちゃはシンプルな容器で収納

ダンボール・ボックス・フタ式

無印良品／990円（税込）。約幅26×奥行37×高さ32cm。フタを開けやすいタイプにすれば、子どもが面倒がりません。

※ネットストア限定

同じシリーズを組み合わせれば、スッキリまとめられます。

●100円ショップの商品でもこんなにオシャレ！

ストレージボックスL本体
ストレージボックスLフタ

Can★Do／各110円（税込）。

避難経路はつねに確保しておくこと！

玄関につながる廊下、ドア近くにモノを置かない

玄関の周辺、階段、それぞれの部屋のドアの周りをチェック。仮置きのつもりでおいた荷物がずっと居座っている、という光景はありませんか。これはアウト！避難の邪魔になります。

まず、玄関に靴をずらーっと並べず、すぐにはかない靴は下駄箱にしまいましょう。簡単なようでけっこうたいへんですから、子どもに〝玄関の番人〟を任命。出しっぱなしの人を見つけたら、すぐさま通報するというゲーム仕立てにしてみてもいいかも。

また**家具の配置は、基本、逃げ道を塞がないよう、ドアの周辺にモノを置かないようにしましょう。**そしてガラス製品を玄関周りに置かないようにしましょう。

玄関は家の顔です
つねにキレイに

ごちゃごちゃしている玄関はだらしなく見えますし、避難の妨げにもなります。

避難経路で気をつけたいところ

❶ ドアの近くにも荷物を置かない

❷ 逃げる時に邪魔になるモノを置かない

❸ 靴も整理しておく

❹ モノを置きっぱなしにしない

❺ 玄関周りにはガラス製品を置かない

❻ 階段にモノを積まない

空間の重心を低くすれば、安全で便利

高いところに重いモノ・割れ物を置かない

家の中を縦方向を軸にして観察してみましょう。この場合、気を付けたいのが「重心を低く」するということです。つまり、重いモノは低い位置に置くのです。そうすると地震の際に重りになり、倒れにくくなります。キッチンの収納では、最下段に重い鍋類を、中段にはフライパンや片手鍋など比較的軽めのモノを動かないように工夫して入れましょう。

また、**割れ物（そもそも減らしておきましょう）も低い位置に。**キッチンのつり戸棚に使用頻度の低い器を入れることがありますが、これは要注意。乾物のストックなど、落ちてきても差し支えないものを入れておくことをおすすめします。

室内全体の棚を見渡してください

食器棚、本棚、ステンレスのラック棚など、室内の棚のバランスを見直すと、倒れにくくなります。

収納時に気を付けたいポイント

● 入れるモノの重さで棚の中身を見直す

軽

備品類（紙皿、ペーパータオルなど）

おやつ、乾物

レトルト、インスタントラーメン

缶詰・缶ジュース

水、瓶もの・米

重

上の段ほど軽いモノ、下の段ほど重いモノを入れるようにしましょう。

● つり戸棚に重いものを入れない！

ボクっ？

重心が低くて安定

どっしり

体験しておくことが大事！

・・・

ホットプレート

重心を低くするのが
基本ってことだから

軽いモノは上
重いモノは下に

軽

重

土鍋・・・

タッパー

ホットプレート

水や非常食の
賞味期限も
チェックしてみよう

よいっと

わ！
この経口補水液、
賞味期限がちょうど
今月で切れる！
もう飲んじゃおう

わっ

ただいまー！
あ、何これ？
飲んでいいの？
ごくごく
プハー！
おいしいね、
この水！
え、そうなの？
じつはそれ
飲んだことない
はい
どうぞ
じゃこれ
食べる？
非常用
おかし
パリッ
うん
うまいよ
うん
おいしい
防災グッズや非常食は
買うだけで満足せずに、
定期的に見直したり、
実際に体験しておくことも
重要ですよ

家庭内流通備蓄の考え方

防災グッズをいつも使いながらそろえる

普段使いのモノを防災備蓄を兼ねて考える家庭内流通備蓄という考え方があります。簡単にいうと「ちょっと多めに買うこと」です。つねに一定量の食材を絶やさないようにすることがポイントです。

たとえば、好みの乾麺を5袋ストックしたとします。二つ食べたら、すぐに二つを補充しておくのです。そうすれば、つねに5袋の乾麺が備蓄されていることになります。

レトルトカレーや缶詰、お菓子、飲み物類なども同様。あえて、防災用のロングライフ商品を買う必要はなく、家族のお気に入りで大丈夫。非常時では、食べ慣れているものを食べられるだけで、安心できるものです。

災害時に慣れたモノを食べられる

備蓄用に特別なスペースがいらない、日頃から活用できるなど、いいことづくめです。

家庭内流通備蓄をわかりやすく解説！

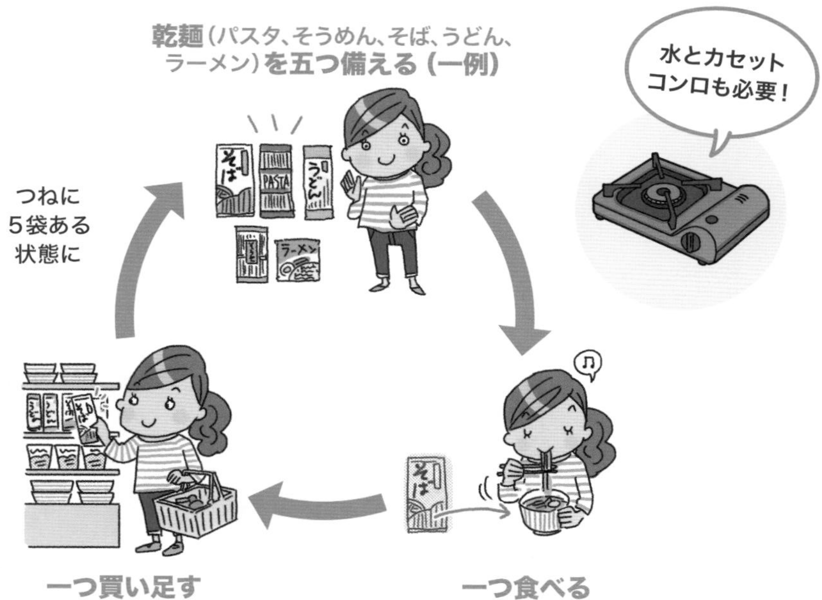

多めに買っておくとよいもの

● **食べ物**

- □ 飲料水・お茶・ジュース
- □ 無洗米・乾麺
- □ くだもの・野菜
- □ 缶詰
- □ すぐに食べられる加工食品（ハム・ちくわ・さつま揚げ・納豆・豆腐など）
- □ 自然解凍で食べられる冷凍食品
- □ フリーズドライ食品・乾物類

● **日用品**

- □ ポリ袋
- □ キッチンペーパー
- □ ラップ
- □ ガスカセット
- □ ウェットタオル
- □ トイレットペーパー

など

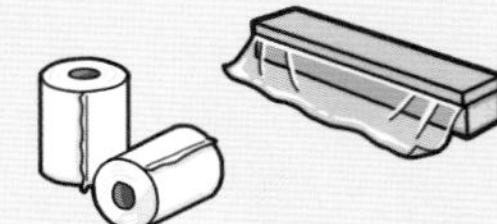

いざという時にも家族が喜ぶおいしい食事を

バリエ豊富な鍋料理は災害時のおすすめメニュー

災害時のメニューとしておすすめなのが鍋料理。大きな鍋とカセットコンロがあればつくれますし、素材同士の相性の幅が広いので、冷蔵庫にある傷みやすい食材を早い段階で食べてしまうことができます。

肉と魚を一緒に食べられる料理というのは鍋以外にはそうありません。また、**野菜をたくさん食べられるなど、栄養バランスのよい食事になります。**

カレー粉があればカレー鍋、トマトジュースがあればトマト鍋、常温の豆乳があれば豆乳鍋など、災害時には貴重品となる水を節約でき、また豆乳鍋からキムチ鍋というように変化を楽しむこともできます。

電気・ガスなしでも温かい食べ物を

災害という不安な状況下でも、家族で一緒に食べられるという安心感を与えてくれます。

最強の災害食は鍋料理！

災害で家に電気やガスが来なくなっても、カセットコンロがあれば鍋料理はできます。まな板は紙パックを開いて使うと、節水になります。

トマト鍋のつくり方

つくり方

❶ トマトジュース以外の材料を食べやすい大きさに切る。

❷ 鍋に油をしき、ソーセージと玉ねぎを炒める。

❸ 玉ねぎがしんなりしてきたら、残りの材料を加える。

❹ トマトジュースを入れて、具材がやわらかくなるまで煮て、塩・こしょうで味を整えればでき上がり。

材料

材料	分量
トマトジュース	500mlくらい
コンソメキューブ	2個
しめじ	100g
キャベツ	1/4玉
ソーセージ	3～5本
じゃがいも	2～3個
にんじん	1/2本
玉ねぎ	1個
水	300mlくらい
塩・こしょう	少々

（しめじ～玉ねぎ）災害時はあまり気にせずに。残っている食材を使いましょう。

ポイント

・食べ終わったら、スープを煮詰めて冷凍しておいたご飯を投入すれば、おいしい雑炊に。

・豆乳でつくってもOKです。

器や保温、止血にも使えてとっても便利

ラップは多めにストック ロングサイズもそろえておく

どこのご家庭にもあるラップ。じつはこのラップが災害時に活躍するアイテムなのです。器やお皿にラップを掛けて使用すれば、洗う水を節約できます。本物の器でなくても、器の形状をしたものにラップを敷けば、器として使用することもできます。

また、体に新聞紙を腹巻のように巻きつけた後、その上をラップで覆えば、保温力がアップします。さらに包帯としても使えます。骨折してしまった時などには、細く折りたたんだ新聞紙を添え木としてラップで巻けば固定できます。日常生活ではショートサイズをよく使うという人も、**災害時のためにロングサイズを数本ストックしておくと災害時に重宝します。**

食品トレーに

お皿に巻いて

コップにも巻いて

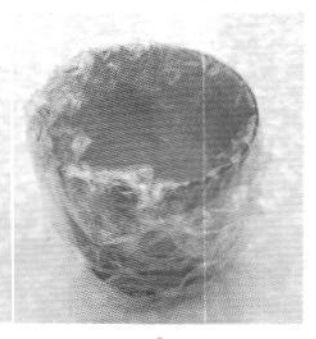

「使ったらすぐにしまう」を習慣化しよう

包丁の出しっぱなしは厳禁! 調理台にもモノを並べない

キッチンで最も使用頻度の高い道具ともいえる包丁。使い終わった後はしばらくそのまま、という人も多いようです。しかし、これはとても危険。大きな地震で落ちて足に当たったら大ケガにつながります。**使ったら、きちんとしまう習慣を付けましょう。**

また、調理台には調味料をずらりと並べていたりカウンターに薬のびんや画びょうなど、生活に関する細々したものを無造作に置いてしまっている、ということも。これらもできるだけ控えましょう。

地震の揺れで落ちたり、飛んだりすることで、ケガや避難の妨げになります。できるだけキッチン周りに置いておかず、収納しましょう。

危険なのは背の高い家具だけではない

細々したモノでも、凶器になります。これが飛んできたら? とイメージしてみましょう。

家族全員の集まるダイニングはスッキリと

大きなテーブルの上に何も置かない状態をキープ

ダイニングのテーブルには新聞紙や郵便物、チラシなど、モノがごちゃごちゃと残ってしまいがち。地震が起こるとそれらが床に落ちて、避難の妨げになります。

まずはダイニングテーブルを、普段からモノが何も乗っていない状態にしておきましょう。家族がくつろぐ場所だからこそ、できるだけ安全&快適にしておきたいもの。新聞や郵便物も置き場所を決めて、その都度、しまうようにしましょう。

LDKはとにかくシンプルがベスト。理想はテーブルと椅子、壁に固定した食器棚、ソファだけという状態です。そこまでいかなくても、テーブルの上に何もない状態をつくり、防災&おしゃれな空間を目指しましょう。

国崎家のダイニング。おしゃれな防災の哲学が反映され、シンプル&スッキリ。

断水時や消火する際に必要になる

あらゆる方法を使って水をためよう

災害時の断水に備えて、水の備蓄は重要です。その方法はペットボトルに限りません。**冷凍庫の氷と製氷タンクの水はいつもいっぱいにしておきましょう。**タンクの水はそのまま活用できますし、氷は溶ければ水になります。さらに、チューペットを10本ほど凍らせておくという手もあります。ほかにも、お湯をわかす電気ポットやケトルをつねに満杯にしておく、庭にバケツを置いて雨水をためておくといった工夫もできます。

集合住宅の中・高層階に住んでいる方は、揺れで浴槽にためた水が飛び散ったり、排水管が壊れて流せなくなることもあります。ウォータータンクなどを用意してためるようにしましょう。

戸建てなら残り湯はつねに置いておく

飲料水としては使えませんが、断水時のトイレや消火用水として活用することができます。

火を使う場所に燃えるモノを置かない

キッチンに置いているレシピは書類ケースに

家の中で火災が発生しやすいのは、いうまでもなくキッチン。キッチンにレシピブックやレシート、油、ビニール袋、ふきんなどを雑然と置いていませんか？**火の近くに燃えやすいモノを置かないのは防火の基本です。**

よく使うレシピブックは、キッチンの一角に書類ケースを置いて入れたり、そのほかの紙類も別の場所でケースにしまっておけば、見た目にもすっきりします。家計簿をつけるためにレシートをためているのであれば、スマホアプリに切り替えるという手もあります。

ガスコンロの奥に調味料を置いておくのも危険です。調理中に手を伸ばして、服に火が燃え移ることもあります。日頃から火災が起きにくい環境をつくりましょう。

カーテン、ラグ類などは防災物品を使う

11階建て以上のマンション居住者は、階層にかかわらず防災物品の使用が義務付けられています。

電気代ゼロの明かりが防災グッズで使える

ソーラーライトを使って停電時に備える

ソーラーライトは太陽光で充電し、点灯するアイテム。**夜の庭をおしゃれに彩るためや防犯に役立つことはもちろん、災害で停電した時にも重宝します。**

ソーラーライトにはさまざまな種類がありますが、庭のある戸建てにお住まいの方は、刺し込みタイプのガーデンソーラーライトを設置してみましょう。設置は簡単で、植え込みや庭の小道がおしゃれになります。

マンションなどにお住まいの方は、バルコニーに設置できる壁掛け式やランタン形状タイプがおすすめです。

災害時には部屋にもち込んで明かりとして使えます。電池や燃料を必要としない自然エネルギーを使った明かりを用意しておくと、いざという時に安心です。

● ランタンタイプ

● 刺すタイプ

家族の1日の予定をお互いに知っておく

毎朝、家族全員の予定を確認 カレンダーアプリの活用も

毎朝、家族全員の予定をお互いに確認し合うようにしましょう。災害が発生した時に「どこにいるのかわからない」というのではとても不安です。父親は、子どもが今日は塾、子どもも、お父さんは今日は出張で帰ってこないなど、お互いに知っておくだけで災害時に適切な行動が取れるようになります。

その際に便利なのがカレンダーアプリ。グーグルのアプリなどは無料で使えます。**家族で一つのアカウントを共有しておけば誰でも書き込めます。**普段からＬＩＮＥなどで「今、○○でランチしてるよ」「これから××に乗って帰るよ」などとマメに連絡を取り合うようにしましょう。家族でグループをつくっても楽しいかも。

日頃からこまめに行動の確認を

災害時には携帯電話が通じにくくなります。家族の行動を知ることで、探しやすくなります。

災害時、トイレは最重要課題の一つ

日頃からトイレを我慢しない

トイレを我慢している最中に大きな揺れが来た……という可能性は否定できません。空腹はそこそこ我慢できたとしても、排泄（はいせつ）はそうはいかないものです。震災後、断水が起こることもありますから、普段からトイレを我慢しないように意識しましょう。日頃から乗り物を利用する前や食後はもちろんのこと、**トイレの案内を見かけたらこまめに行くようにしましょう。**

家族に小さな子どもやお年寄りなど、トイレの回数が多い人がいる場合には、時間を決めて声かけを。遊びをはじめる前、食事の前、ベッドに入る前など、何かをはじめる前にトイレに行くようにすると、災害時にも安心です。

災害時、車はシェルター代わりになる

車のガソリン・充電はいつも満タンにしておく

被災すると、自家用車は避難物資を取りに行くなどの移動の際だけでなく、**一時避難場所としても寄り所となります。**たとえば家が停電しても、車でエアコンをかければ快適に過ごすことができますし、最悪、家が損壊しても雨風をしのぐことができます。

エンジンがかかれば、スマホの充電も可能。車種によっては、電気ポットなどを使える場合もあります。

その力を最大限発揮してもらうために、ガソリンや充電はつねに満タンにしておきましょう。残りが半分になったら追加するくらいが理想です。もし買い替えを検討しているのであれば、電気自動車を検討してみてもいいかもしれません。

携帯電話・スマホの充電も忘れずに

毎日の習慣として、携帯電話とスマホのバッテリー残量を気にするようにしましょう。

近所の立ち話やおすそ分けも積極的に

普段からご近所さんとよく知り合っておく

ゴミ出しの日のちょっとした立ち話や、いただきもののおすそ分けなど、ご近所さんとのコミュニケーションをしていて損はありません。**災害時、最も心強いのは人と人との助け合いです。**あいさつのついでに「お庭の花がきれいですね」、「いつもやかましくてすみません」など、ちょっとしたひと言を添えてみましょう。なにげないおつきあいが、最強の防災術になるのです。

夏祭りや防災訓練など、地域の集まりに家族で参加することで、家族構成がお互いにわかり、安否確認にも役立ちます。ちょっと気恥ずかしいという人は、子どもと一緒にいる時に、ひと声かけるのも手です。子どもはそこにいるだけで場を和ませてくれます。

ご近所づきあいも大切

ピンポーン♪

はーい

こんにちは
アサエさんは○○町内会の
役員に当たられているので
総会の案内書をおもちしました

○○町内会
総会

はあ…

ひー、
めんどくさー!!

アサエさん
地域の自治会に
参加することも
防災につながるんですよ

ひょっこり

防災訓練の案内です

!!

○○町内会
総会

え!
マサコさん!
マサコさん今
役員してるんだね

マイコちゃんもいた

地震に遭った時
私もそれまで
しゃべったことも
なかったご近所さんと
炊き出しの場所や
開店している
スーパーの場所を
共有したんです

スーパー○○
やってたわよ

ありがとう
ございます

日頃の
ご近所づきあいも
大切ですよ

山田さん

ねー

あのときはね

へえー

Chapter

2

今週中にはじめる 防災生活習慣

Chapter1ではすぐにでもできる、簡単で効果のあるノウハウを紹介してきました。この章では少し難易度を上げて、できれば今週中にはやっておきたい対策を紹介します。家のガラスに飛散防止フィルムを貼ったり、防災散歩に出かけたり、家族みんなで取り組んでみてください。

念には念を入れて損はなし

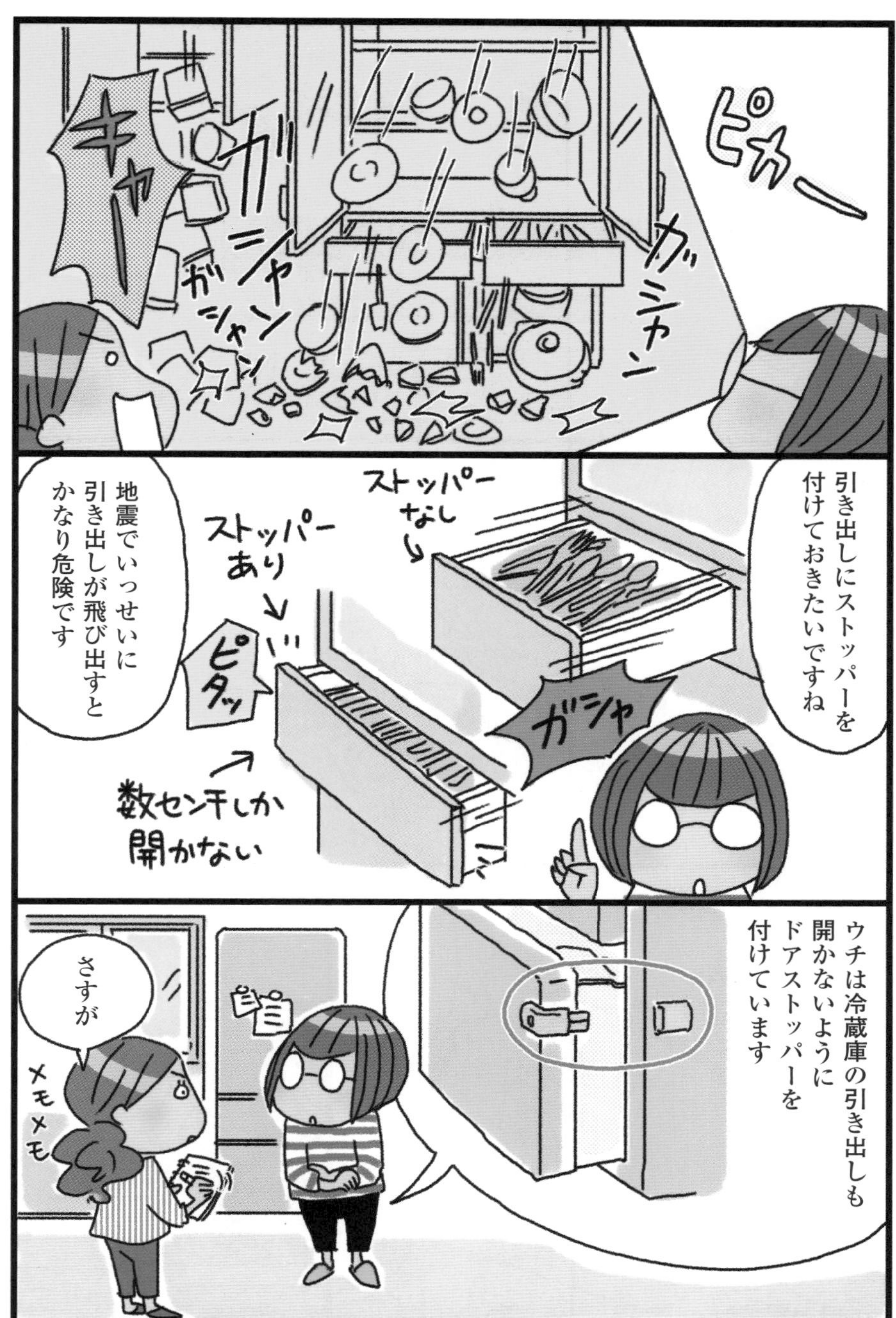
ピカー
ガシャン
ガシャン
ガシャン
キャー
引き出しにストッパーを
付けておきたいですね
地震でいっせいに
引き出しが飛び出すと
かなり危険です
ストッパーなし
ストッパーあり
ピタッ
ガシャ
数センチしか
開かない
ウチは冷蔵庫の引き出しも
開かないように
ドアストッパーを
付けています
さすが
メモメモ

リビングのテレビ周りもまだ危ないですね
もちろん粘着ジェルで固定
アラ！もうこれで完璧かと思ったのに
ちょっと見てください
ピカー
バキ
ブチブチ
ドカッ
!!
念には念を入れてテレビは壁にも固定してもいいですね
うん
こんなグッズありますよ
ピカー
壁に固定
なんでも映し出せるのね
メモメモ

あと
トイレやお風呂も
防災対策
しておきたいですね
トイレ？
地震に限らず
トイレやお風呂に
閉じ込められて
困るケースもありますから
ドンドン
ガチャガチャ
ドアがゆがんで開かないとか
師匠の国崎先生の
トイレのドアには
真ん中に扉があって
非常時には抜け出せるように
できているんですよ
すごい！
とりあえず
危険を知らせる
笛だけでも置いてみては
いかがでしょうか
ウチは非常バッグも
置いてます
メモメモ
できるとこから…

地震速報や豪雨情報、Ｊアラートを即ゲット

災害時に役立つアプリを事前に選んでインストール

非常時に役立ちそうなアプリを事前にスマホにインストール。**使い方もチェックしておきましょう。**

「ＮＨＫニュース・防災」は、信頼性や速報性の高いニュースや天気予報を確認することができます。「Ｙａｈｏｏ！防災速報」もおすすめ。地震速報をはじめ、豪雨情報、Ｊアラートなど多くの災害速報を通知してくれます。通知を受け取るエリアを設定しておきましょう。

各自治体が運営するアプリもあります。ウェブサイトの場合にはブックマークを忘れずに。押さえておきたいのがインターネット回線を使ってラジオが聞ける「ｒａｄｉｋｏ」。長時間使用しても、比較的電力消費が少ないので非常時には助かります。

「ゆれくるコール」もおすすめです

私が監修しているアプリ。登録情報に応じて、その人に合った事前対策などを教えてくれます。

災害時に役立つおもなアプリ

下のアプリは基本、無料(一部の機能有料)、iOS、Androidで使えます。

NHKニュース・防災

最新のニュースや災害情報を確認できます。マップで気象情報を見られるほか、災害時には放送が同時に提供されます。

Yahoo!防災速報

災害速報の通知機能をもちます。エリアが三つまで設定可能なので、家族が離れている場合などにも便利。備えに活用できる「防災手帳」も搭載。

goo防災アプリ

国土地理院による「防災アプリケーション賞」を受賞した総合防災アプリ。災害情報のプッシュ通知機能などのほか、災害時シミュレーション、「くすり検索」など、平時から非常時まで幅広く使用することができます。

全国避難所ガイド

全国の自治体が定めた避難所や避難場所の検索が可能。現在地からのルート案内機能もあります。活断層を地図上に表示する機能も搭載。

radiko

災害時、ラジオは心強い情報源。このアプリではインターネット回線を使ってラジオを聴くことができます。

東京都防災アプリ

東京都による公式防災アプリ。避難情報や災害情報の提供といういざという時の情報だけでなく、クイズや基礎知識など防災に関することを幅広く網羅。

背の高い食器棚や大きな書棚の転倒防止策

背の高い家具と天井の間に段ボールを挟む

地震の備えとして欠かせない家具の固定ですが、簡単で安価、すぐできる転倒防止策があります。それは食器棚や大きな書棚などの背の高い家具と天井との隙間に段ボールを挟む方法です。

段ボールのサイズは、なるべく天井までの空間にぴったりはまるサイズにしましょう。見栄えを気にするなら、IKEAやホームセンターで売られているふた付きのカラーボックスを設置するのもいいですね。

段ボールの中には季節外れの服など軽いものを入れます。面で棚全体を支えるのでとても効果的です。万が一、倒れてきたとしても、つっかえ棒の役割を果たし、逃げるための時間稼ぎをすることができます。

段ボールは厚めの丈夫な箱が理想です

段ボールが家具の天板より小さいサイズなら、壁側（奥）の真ん中に設置すると効果的です。

天井との間に段ボールを詰めましょう

● 家具の上に置く段ボールの位置に注意

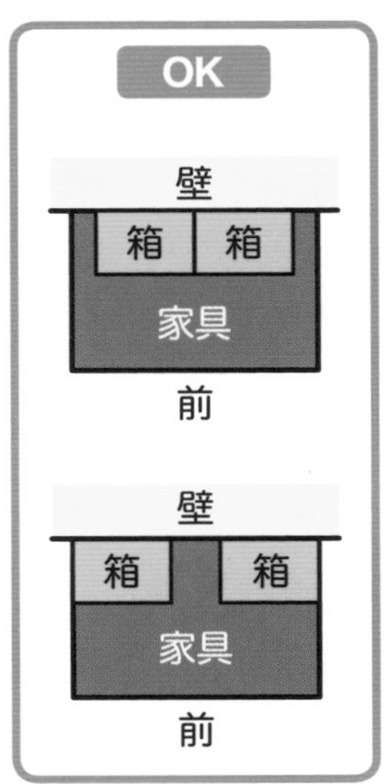

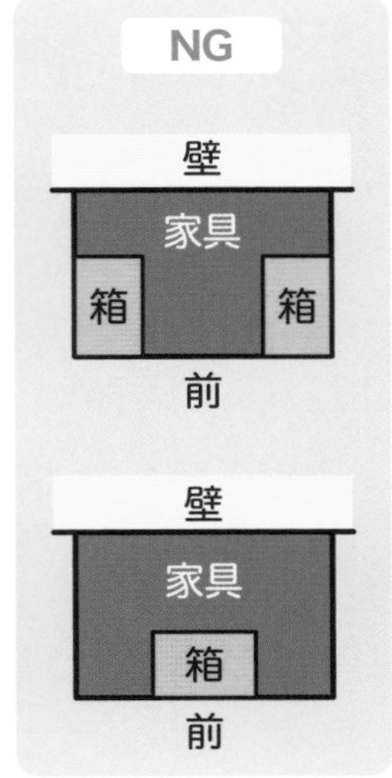

左のイラストはそれぞれ上から見た図です。壁側の真ん中に置きましょう。

洋服ダンスや食器棚、冷蔵庫などをチェック

引き出しや扉にはストッパーが便利！

地震の際、揺れと引き出しの方向が同一になると、引き出しが飛び出してくることがあります。家具の固定だけでなく、引き出しの飛び出しにも備えたいものです。

引き出しストッパーにはいろいろなタイプがありますが、引き出しの角の部分に貼り付けるだけのワンタッチタイプは設置も使い方も簡単でおすすめ。また、ベルトタイプなら引き出しの形状を選びません。子どものいたずら防止にも使えるので、危ないモノが入っているところにも付けておきましょう。

また、観音開きの開き戸にはU字型フックの活用を。引き手をつなげておくだけです。**いずれもホームセンターなどで手に入り、価格も数百円です。**

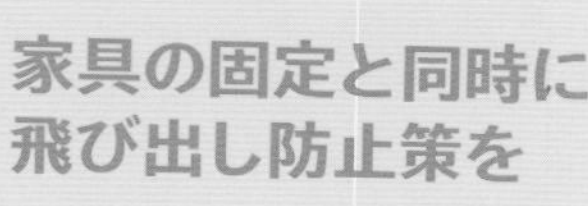

家具を固定すると、引き出しが飛び出しやすくなります。飛び出し防止策をしておきましょう。

ストッパー、S字フックのいろいろ

● 引き出しストッパー

WAKI 耐震ラッチ

和気産業／1927円（税込）。引き出しの飛び出しを防ぎます。

平常時は普通に開け閉めできます。揺れを感知すると自動で引き出しをロックし、揺れが収まれば解除されます。

● ベルトタイプ

WAKI 開き戸・引出しロック

和気産業／547円（税込）。取り付け簡単な粘着テープ式ストッパー。

開ける時は黒い部分のどちらかを押さえ、もう一方を外して開けます。

● U字型フックの使い方

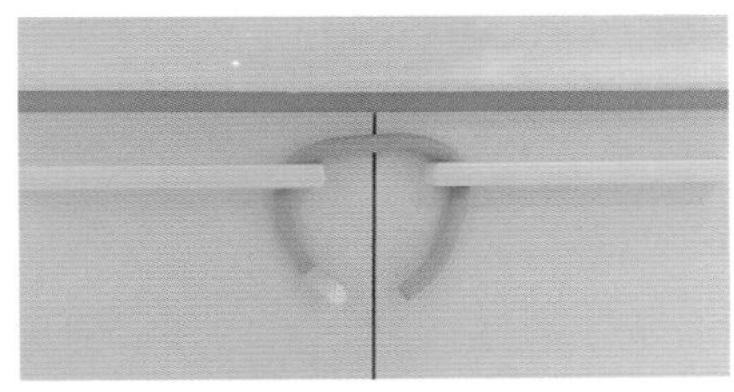

取っ手同士をつないでおくだけ。

普段あまり意識しないところに盲点がある

火事の元！ 使っていないコンセントにはカバーを

コンセントにホコリがたまっていないでしょうか。たまったホコリが湿気を含むと電気の通り道となり、発火することがあります。**これを「トラッキング火災」といいます。**普段意識しないところで突然発火するので注意が必要です。

壁のコンセントはもちろん、ＯＡタップ、延長コードなどをチェックして、まめに掃除をしましょう。さらに、使わないコンセントにはカバーをしましょう。１００円ショップなどでも手に入ります。

テレビやゲーム機の裏にある差しっぱなしで、ホコリだらけになっているコンセントやコンセントタップなどは、ぜひ一度確認してみてください。

プラグカバーを付けておくと安心

冷蔵庫、テレビなど、常時コンセントに差し続けていて、掃除がしにくいところには、ぜひ。

トラッキング火災の防止法

● トラッキング火災が起こるしくみ

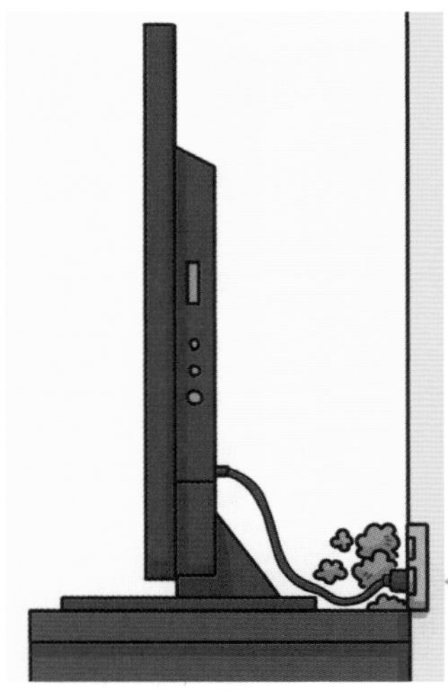

コンセントの周りに
湿気やホコリがたまる

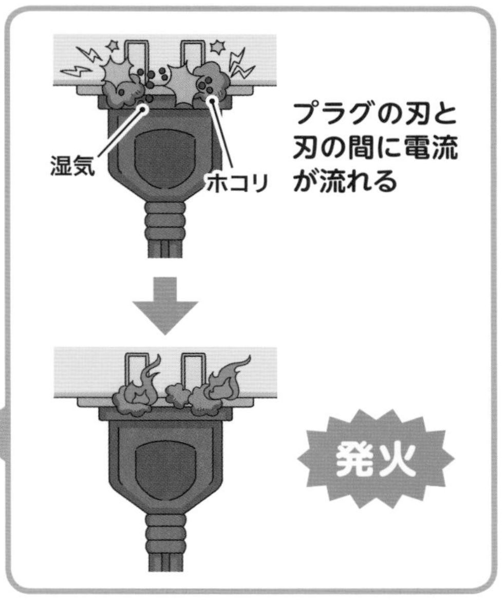

● コンセントカバー

ハローキティ コンセントカバー AKN-15

旭電機化成／2Pコンセント用、4個入り／680円（税込）。かわいいのでお部屋のアクセントにもなります。

● プラグカバー

プラグ安全カバー TAP-PSC1N

サンワサプライ／2Pプラグ用、4個入り／935円（税込）。

キッチンの割れ物落下をきっちり対策

食器を守るために すべり止めシート を敷く

地震の際、食器棚から雪崩（なだれ）のように食器が落ちてきてはたいへんです。**食器棚には、面倒でもすべてすべり止めシートを敷いておきましょう。**ロールで販売されていますので、大きさに合わせてカットして敷くだけ。食器棚のキズ防止にもつながります。

また、お皿とお皿の間にキッチンペーパーを挟むと倒れにくくなりますが、重ね方にもひと工夫してみましょう。大・中・小のお皿を重ねる場合、いちばん下に大きいもの、上にいくほど小さいものを置くと安定します。あまり高く積まないことも重要です。

重心が高い位置にある茶碗や丼などは引き出しに。その場合にもすべり止めシートを敷いておきましょう。

割れにくい丈夫なお皿を選びましょう

お皿やグラスが床に落ちて飛び散ったらケガの危険もあるし、後片づけもたいへんです。

キッチン周りの収納対策

● 食器棚にすべり止めシートを！

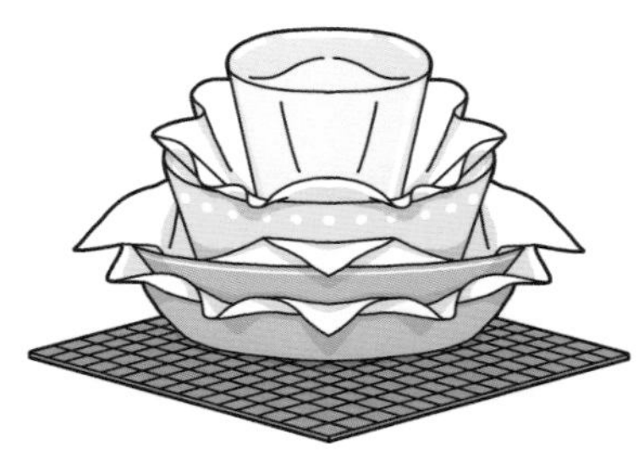

お皿は大・中・小と重ねて、その間にキッチンペーパーを挟みましょう。

● 茶碗などは引き出しに

引き出しの段ごとに大きさや種類で分けて収納しましょう。ここでもなるべく大きく重たいものを下の段に。

フォトフレームのものは外してもOK

家中のガラスに飛散防止フィルムを貼る

食器棚やテレビボードなど、家の中にあるガラス扉は要注意です。**家具の固定をしていても、揺れで中のモノが動いて割れるということもあります。**

ガラス扉には、ガラスの飛び散りを防ぐ飛散防止フィルムを貼っておきましょう。もし割れてしまってもガラス片が周囲に飛び散るのを防ぐことができて安心です。貼る時には、なるべくぴったり貼るように工夫したいもの。洗剤を数滴入れた水溶液を窓にスプレーしてからフィルムを貼り、動かして位置を決めたら、ヘラで水や空気を抜くとキレイに貼れます。

また、フォトフレームなどのガラスは、フィルムを貼るのが面倒なら、外してしまうのも一つの手です。

すべてをロックするよりも倒れにくくなる

キャスター付きの家具は対角上にロックする

ワゴンやラック、ベビーベッドなど、家の中にはキャスター付きの家具もあります。日常生活においては動かしやすいことがメリットですが、地震の際は危険因子。**日頃からキャスターをロックしておき、動かす時だけ、ロックを外すという習慣を付けましょう。**

ロックの仕方にもポイントがあります。すべてのキャスターをロックしてしまうのではなく、対角の2カ所をロックしたほうが、程よい〝あそび〟が揺れを吸収し、倒れにくくなるのです。

もし、キャスターにロックが付いていない場合にはストッパー付きのキャスターに付け替えましょう。ホームセンターなどで購入することができます。

地震の時には家具・家電が飛ぶ凶器に

電話機やレンジの下には粘着マットで固定

最大震度7を記録した東日本大震災では、激しい揺れにより電子レンジが飛ばされたといいます。電子レンジは、いわば金属の箱ですから、もし直撃したら大ケガにつながりかねません。**家電は小型であっても、きちんと固定しておきましょう。**

電子レンジやトースターなどの下には粘着マットを敷きましょう。電話機などプラスチック製であっても、すべり止めシートなどを敷いておきましょう。子どもの頭に当たったらたいへんです。

粘着マットはインターネットやホームセンターで買えます。すべり止めシートは100円ショップで簡単に手に入ります。

粘着マットは重さに合わせて選ぶ

粘着マットで私のおすすめは、北川工業の「スーパータックフィットシリーズ」です。

大事な食器を割らないためにも効果的

食器と食器の間にキッチンペーパーを挟む

日常よく使う食器に地震対策をするのは面倒……と思われがちですが、簡単な方法があります。重ねた食器同士がガチャガチャと揺れて割れることを防ぐために、食器と食器の間にはキッチンペーパーを挟んでおくのです。**衝撃を吸収するだけでなく、キズ防止にも一役買ってくれます。**

1枚ずつ、間に挟むのがベストですが、面倒ならお皿の大きさが変わるごとに挟みましょう。その際もお皿の重ね方は下から大↓中↓小としていきます。

食器は小さな揺れでも割れやすく、数が多ければ多いほど、片づけるのがたいへんです。日常に負担をかけないように工夫しつつ、備えておきましょう。

お皿の間にキッチンペーパーを挟んでみました。

 連絡手段を家族で決めよう 

アサエさんはもしもの時
家族とどうやって
連絡を取るか決めていますか？

うーん
とりあえず
夫はスマホで確認？
くらいかな

いざとなると
携帯電話も通じなくなる
ことがありますよ

みんなが使ってる

そっかー！
スマホがあれば
なんとかなると
思ってた

家族の集合場所
伝言メモを残す場所
いざとなったら頼る人

たとえば

- 〇△小学校集合
- 玄関ドアの内側
- 〇〇のおじさん

くらいは家族で話し合って
おきたいですね

うちは玄関のドアに
メモを貼り付けるって
決まってるよ

へえー

次の日
よしできた！
家族の連絡ボードつくったよ
じゃーん
パパ
ママ
ハルキ
ユメ
何これ？
今度からここに行き先を書いて外出することにしましょう
わかった！
キュキュ
ちょっと！家の中は書かなくていいの！
トイレ
もれる～
ユメ～
こら！落書きしないの！
キュキュ
まあ、楽しみながら防災ってことで

中身は、着替えや靴、飲料水、非常食など

トイレと風呂には非常バッグを置いておく

くつろぎのバスタイムでも、トイレに入っている間でも被災する可能性はあります。閉じ込めに備えて最低限の備えだけでもしておくと安心です。

風呂場か手を伸ばせば届く範囲に非常バッグを用意しておきましょう。**中身は、着替えや飲料水、非常食、防災ラジオライト、笛などを。**

また、警報や緊急地震速報が聞こえるように、携帯電話は脱衣所までもっていく習慣を付けておくと安心です。お風呂で揺れを感じたら、ドアを開けて、洗面器などで頭部を守りましょう。

トイレにも同様の非常バッグを。着替えは不要ですが、停電に備えて懐中電灯もあれば安心です。

本書監修者・国崎氏の浴室にある非常バッグ。袋には着替えのトレーナーや手回し充電式のラジオライト、笛、缶入りパンなどが入っています。

車はいざという時、移動式シェルターになる

車の中にも防災用品を脱出用ハンマーは必須

車に乗っている時に被災することもあります。浸水で水没した時にサイドガラスを割る脱出用ハンマーはかならず携帯しておきましょう。また、飲料水や非常食、懐中電灯など、最低限の備えは常備しておくこと。

簡易トイレも積んでおきましょう。非常時のみならず、渋滞の時などにも役に立ちます。車を置いて徒歩で避難しなければならないことも想定して、リュックサックなどにひとまとめにしておくとよいでしょう。

自家用車は簡易シェルターとしても利用できます。寝袋や毛布、家族の人数に合わせた飲料水や食糧などを置いておきましょう。ただし、夏の車内はとても暑くなります。食糧の保存には注意が必要です。

事故やトラブルに対処するために

三角停止板、けん引ロープ、レインコート、工具、手袋もかならず入れておきましょう。

阪神・淡路大震災の被災は約9300頭

ペットと家族が一緒に写った写真を用意する

ペットも家族の一員。避難する際に必要となるケージやリード以外にも、フード類や水など最低限の備蓄をそろえておきましょう。

忘れてはいけないのがトイレ周り。犬ならトイレシート、猫なら猫砂。使い慣れたものでないとしない場合もあるので、日頃使っているものがいいでしょう。

お住まいの市区町村で犬の登録や狂犬病予防注射の手続きをすると、「鑑札」がもらえます。**鑑札と注射済票は飼い犬に着けておかなければなりません。**被災時でなくとも、迷子になった時に役に立ちます。

プリントアウトした写真も用意しておきましょう。飼い主と一緒に写っている写真がベストです。

ペットのためにも家で過ごせるように

多くのペットを飼っている人は自宅の耐震性を高めて、家で過ごせるように対策しましょう。

今週中にできること 13 中級

通勤・通学途中に被災することを考えて

災害時に役立つモノをカバンの中に常備しておく

通勤や通学用のカバンには、災害時にも役立つモノを入れておきましょう。入れておくべきモノには、**スマホのバッテリー、止血パッド、簡易トイレ、ウエットティッシュ、大判のハンカチ、ポリ袋、マスク、手袋、ペンライト、ホイッスル、非常連絡先を書いたメモ、常備薬などがあります。**余裕があれば、おやつやゼリー飲料などももっておきましょう。

いずれも、災害時はもちろん、普段の生活でも役に立つことがあります。これらをポーチに入れてひとまとめにしておくとベストです。子どものカバンには家族の写真も入れておくと、親を探してもらいやすくなります（80ページ参照）。

ポリ袋はゴミ袋用を小さく折りたたんで

レジャーシート、レインコート、給水袋などの代用品として使えるので、重宝します。

職場の避難経路をまずは確認しましょう

家族の情報を会社の人に知らせておく

1日の多くの時間を過ごす職場。ここにも備えが必要です。まずは、避難経路の確認。非常階段の場所をすぐにでも確認しておきましょう。エレベーターが止まった場合の逃げ方についても考えておくのを忘れずに。倒れそうなモノ、落ちてきそうなモノなどをチェックしておくだけでも、とっさの判断の役に立ちます。

職場用に歩きやすい靴を置いておくのもいいでしょう。徒歩帰宅する時は歩きやすい靴なら、疲れも軽減できます。

盲点なのが、連絡先。会社の親しい人に家族の情報を伝えておきましょう。**もし、自分に何かあった場合、家族に連絡してもらえます。**

日頃から家族のことを話しておく

配偶者の勤務先や子どもの園・学校名を話しておけば、連絡先を調べてくれる期待がもてます。

デスク周りで確認しておくべきこと

職場には背の高い什器（じゅうき）が多いもの。まずは机周りで落下物の確認をしましょう。いざという時の行動を意識しておくだけでも、災害時の行動が変わります。

帰宅するために用意しておくとよいもの

- [ ] 歩きやすい靴＆靴下
- [ ] 両手のあくカバン
- [ ] トレーナー
- [ ] 保存食
- [ ] 飲料水
- [ ] 折りたたみヘルメット
- [ ] 簡易トイレとティッシュ
- [ ] レインコート
- [ ] 水筒
- [ ] 携帯ソーラーパネルシート
- [ ] タオル
- [ ] ヘッドライト
- [ ] 手回し式ラジオライト＆イヤホン
- [ ] 現金（小銭多め）
- [ ] 地図
- [ ] 絆創膏（ばんそうこう）　など

今週中にできること 15 中級

それぞれの家庭に合った防災プランを

重要書類リストと防災マニュアルをつくる

家が損壊・焼失して重要書類が失われることを考えて、重要書類の番号や連絡先を控えておきましょう。銀行や各種保険、健康保険証の番号なども合わせて1枚の紙にまとめておくとよいでしょう。

また、非常時はパニックに陥ってしまうこともしばしば。そんな時にマニュアルがあると安心です。「わが家の防災プラン」をぜひつくってみてください。

プランを練る時は、家族みんなで話し合って決めましょう。職場や学校からの避難経路や誰が迎えにいくのか、どこで集合するのかなどはできるだけ具体的に考えましょう。連絡方法については三つ以上の方法を考えておく必要があります。

● 運転免許証

運転者	免許証番号	種類	備考
父	XXXXXXXXXXXX	普通	ゴールド

● 印鑑登録証

名前	登録番号	備考
父	XXXXXXXXXXXX	

● パスポート

名前	旅券番号	種類	期限
父	XXXXXXXXXXXX	5年	18NOV2020

● 年金手帳

名前	基礎年金番号	種類
父	XXXXXXXXXXXX	厚生年金

わが家の貴重品リスト（大人用）

● 銀行

銀行名	支店番号	支店名	口座番号	種類	名義人	印鑑
たんぽぽ銀行 049-XXX-XXXX	●●●	■■	▲▲▲▲▲▲▲▲	普通	父	銀行印

● 生命保険・共済

保険会社名	種類	被保険者	証券番号	連絡先番号
きりん生命	終身	父	▲▲▲▲▲▲▲▲	03-XXXX-XXXX

● 損害保険・共済

保険会社名	種類	被保険者	証券番号	連絡先番号
きりん損保	住宅総合	父	▲▲▲▲▲▲▲▲	03-XXXX-XXXX

● 健康保険被保険者証

記号	番号	氏名	保険者番号・名称・連絡先
XXXXXXXX	●●	●●	03-XXXX-XXXX

● クレジットカード

カード名	クレジットの種類	契約者	カード番号	連絡先番号
●●信販	ニコス	父	XXXXXXXXXXXX	03-XXXX-XXXX

● 権利証書

登記済証受付	第弐XXXX号　第XXX号

● 自動車検査証

XXXXXXXXXXXX

4. 家具や家の下敷きになったら

助けを求める人 ※3人は書き込む	
	① 近所の人
	②
	③

自分が下敷きになったら ※対策を三つは書き込む	
	① 体のどの部分を動かすことができるのか確認。
	②
	③

5. 家を離れる時　※やるべきことを三つは考えておく

① 電気のブレーカーを落とす。
②
③

6. もち出すべき重要なモノ

身分証明書、クレジットカード、生命保険の証券、家の権利証の番号を控えておく。

国崎家の防災マニュアル（家族全員がコピーしてもつもの）

1. 非常時における家族との連絡方法　※三つは用意しておく

第一手段	各自が NTT 災害用伝言ダイヤル（171）にそれぞれの状況と避難先を録音し、家族の伝言を再生する。 ※災害用伝言ダイヤルのくわしい内容は100ページを参照。
第二手段	
第三手段	

2. 待ち合わせ場所と避難場所、ルートの確認

待ち合わせ場所	「●●スーパー」前の公園（くじらの遊具の前）

避難場所	「●●小学校」

自宅から行く場合	**駅から行く場合**
徒歩でいつもの●●スーパーまでのルートで公園へ。	駅から東口の道路に出て、自宅方面にまっすぐ進んで保育園を右折。

3. 地震が来たら　※対策を三つは用意しておく

第一手段	すぐに身を守る体勢になること。転倒・落下物から身を守る。
第二手段	
第三手段	

家族がバラバラになることを想定して

家族の顔がしっかり写った写真を用意しておく

大災害があると、家族がバラバラになることもあります。**誰かに尋ねる時、写真があると便利です。**スマホで写真を見せるのもよいのですが、いずれにしても子どもはどんどん成長して、顔つきも変わっていきますから、半年ごとを目安に用意するようにしましょう。写真の裏には撮影日を書いておくようにします。

また、子どもには写真を「親を探す時に使ってね」などと、使い方を伝えておきましょう。紛失すると、個人情報の観点から危険ですから、携帯させる時は住所は書かないようにしましょう。

家族全員で写真を撮る機会をつくる

記念日には家族全員で写真を撮り、スマホのフォトアルバムに入れておくとよいでしょう。

自宅、自宅の最寄り駅、学校からを想定

家族全員で避難経路を共有しておく

被災時に家族が落ち合う集合場所と、自治体が定める避難所を家族みんなで確認しておきましょう。地震や風水害など、災害の種類によって異なる避難所が設定されている地域もあれば、同じ避難所を使う地域もあります。

経路確認で行なってほしいのが、スタート地点をいくつか検討しておくこと。いつもかならず自宅から避難するとは限らないからです。自宅から向かう時はもちろん、自宅の最寄り駅から向かう場合、学校から避難する場合など、いくつかのパターンを考えておくようにしましょう。なるべく災害時の状況をイメージしながら、安全な経路を考えてください。

決めたことにとらわれすぎない

その時の状況によって最も安全だと思う行動を取りなさいと伝えることもたいせつです。

停電時も、混み合っていても大丈夫

公衆電話がある場所をチェックしておく

災害時、警察や消防の回線を優先させるため、自宅の固定電話や携帯電話の回線は通信規制を受けることがあります。しかし、**公衆電話は災害時の優先電話であり、停電時でも使えます。**

NTT東日本、西日本のホームページでは設置場所の検索が可能です。住所や郵便番号などを入力すれば、地図で表示されるので、とても便利。自宅はもちろん、学校や職場など、よく行くところの近くの公衆電話をチェックしておくと安心です。

公衆電話にはアナログとデジタルの2種類があり、停電時の使用方法は異なります。子どもにも教えてあげましょう。

子どもは使い方を知らないかも

災害に備える訓練として、実際に公衆電話を使って電話をかける体験をさせてあげましょう。

NTT東日本の「公衆電話インフォメーション」

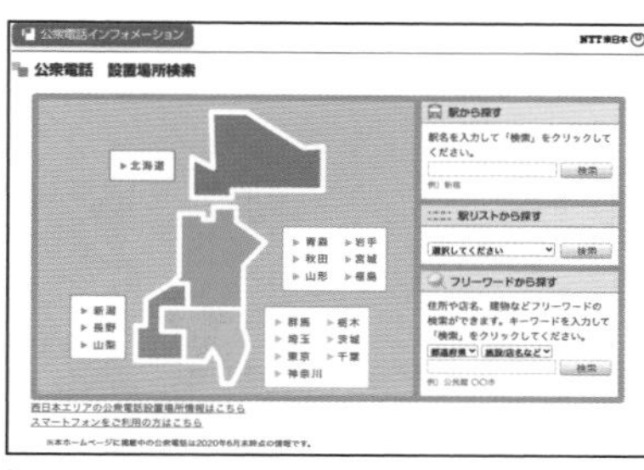

https://service.geospace.jp/ptd-ntteast/PublicTelSite/TopPage/

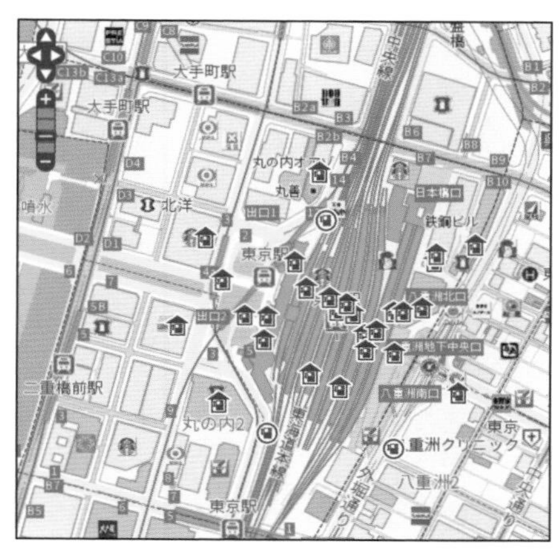

右の地図は東京駅での場合。同様のページはNTT西日本にもあります。

● 緊急時の使い方

	デジタル公衆電話	アナログ公衆電話
通常時の使用方法	受話器を上げ、硬貨またはテレホンカードを投入し、電話番号をダイヤルします。	
緊急通報の使用方法※1	硬貨やテレホンカードは不要です。受話器を上げ、そのまま110番などを押します。	硬貨やテレホンカードは不要です。受話器を上げ、緊急通報ボタンを押した後、110番などを押します。
停電時の使用方法※2	液晶ディスプレイが消えています。基本的に通常時と同様です。ただし、テレホンカードは使用できません。 ※ 同一場所に複数台設置されている場合、停電時に稼働していない電話機もあります。	赤いランプが消えています。基本的に通常時と同様です。ただし、テレホンカードは使用できません。
無料化措置時の使用方法※3**（災害発生時など）**	硬貨やテレホンカードは不要です。受話器を上げ、そのまま電話番号をダイヤルします。	受話器を上げ、硬貨またはテレホンカードをいったん投入し、電話番号をダイヤルします。通話終了後、硬貨またはテレホンカードはそのまま返却されます。

※1 110（警察）、118（海上保安）、119（消防、救急）への通話方法。
※2 グレーのデジタル公衆電話機についてはバッテリーを搭載していますが、バッテリー消耗後は硬貨も使用できなくなります。
※3 災害救助法が適用される規模の災害が発生し、かつ広域停電が発生するなど被災者の方々の通話を確保することが必要とＮＴＴ東日本・ＮＴＴ西日本が判断した場合には公衆電話からの通話を無料とすることがあります。

今週中にできること 19 中級

防災の視点をもって街をピクニックしよう

地域の安全・危険を歩いて確認してみる

百聞は一見にしかず。非常時の備えとして、実際にやってみることはとても大切です。**自宅から避難所へ向かう経路を家族で歩いてみましょう。** 大雨の場合や地震の場合など、状況を想像して経路を確認しましょう。子どもと一緒に歩くことで、どのくらい時間がかかるかも把握することができます。

その時に、崩れそうなブロック塀やフタのない側溝、用水路など危険な場所はないか、また避難の助けになる公共施設や公園、コンビニ、公衆電話などはどこにあるのかを確認しておきましょう。季節ごとなど、期間を決めて定期的に行なえば、街の変化にも気づくことができます。

親が教える前に子どもに考えさせる

外で地震が起きた時、何が危険でどこが安全なのか、自分で判断できるように考えさせましょう。

防災散歩に出かけましょう

防災目線で見直そう

ハザードマップを確認したら避難所までの経路が安全かどうかも確かめておきたいですね
避難している最中に被災するケースも非常に多いのです
たとえば古いブロック塀や古い商店街のアーケードや照明
台風や大雨の後は土砂災害が起こりやすいので崖沿いの道や川沿いもできれば避けたいところ
○○酒店
防災目線で見るといろいろ見えてくるのねー
うむ
みかん

Chapter 3

今年中にはじめる防災生活習慣

Chapter1、2で紹介した対策を実践してみた方は防災レベルがだいぶ高くなっています。この章ではさらに高度な防災対策を紹介します。高度であるとはいえ、家族みんなで楽しくこなすことがコツです。まずは、長期休みの時に「おうちDEキャンプ」などはいかがでしょうか。

おうちDEキャンプ、やってみた！

さ
今日はここまで
2人はもう寝なさい
はーい
ふー
ただ
明らかに
準備不足なわけ
ヘッドライトの
光量が少なすぎて
手元が見えないとか
コワ…
NO!!
ホットプレートは
電気だった!!
ブンブン
カセットコンロすら
ないから
ご飯もつくれないわけ
カセットコンロねー
そういえば家にはないな
パパ
明日買って来てよ
そうだっ
テントも使ったことないから
リビングでテントを張って
おうちDEキャンプしてみよう

次の日
そういえば、
テント買ったけど
説明書も読んでなかった
えーと…
ちょっとハルキ
そこをもってくれる？
オッケー
バーン
お皿にラップを敷くと
洗い物が少なくなって
水を使わなくて済むのよ
ピーッ
そうだ♪
お湯を注ぐだけで
食べられる
アルファ米も
一度試してみよう
できたー!!
アルファ米
ピーッ

防災トイレも体験してみよう
簡単トイレ
やる!!
これ車が渋滞した時も使えそう
どう
おお!
WC
ユメもおしっこー
寝袋も使ってみるわよ
わーい!
キャンプキャンプ
防災で寝袋までいる?
ガラス破片が布団に散らばることもあるからあったほうがいいんだって
そうか…
たまにはおうちでキャンプも新鮮でおもしろいね
今日はここで寝る

リビングにテントを張って自宅で避難訓練

電気・ガス・水道を使わない「おうちDEキャンプ」

被災してライフラインが途絶えると、「あれも用意しておけばよかった」と気づくことが多いものです。後悔する前に、万全の準備を整えておきましょう。そのためのおすすめの方法が「おうちDEキャンプ」です。

自宅のリビングにテントを張り、一定時間電気・ガス・水道を使わずに過ごしてみましょう。**ライフラインのない環境を疑似体験することで、必要な備えが見えてきます**。遊び感覚で防災訓練でき、年に一度の行事にすれば備蓄品や非常時の食事を見直す機会にもなりますし、心構えができて、落ち着いて対応できるようになります。余裕があれば、車中泊を経験する機会もつくっておくと、その備えもできて安心です。

遊び感覚で訓練しておきましょう

卓上カセットコンロを使用する時はかならず窓を開けて換気してください。

おうちDEキャンプ大作戦

スケジュール例

※無理のない時間内で実施しましょう！

時間	内容
9:00〜	１日の流れを確認・コンセントを外して元栓を閉める
10:00〜	テント張り
11:00〜	防災グッズの準備・体験 ハザードマップを見る ラジオを聴いてみる
12:00〜	ご飯づくり
14:00〜	トイレ体験
18:00〜	夕食づくり 夜の準備（照明の確保）
20:00〜	振り返りタイム
21:00〜	ウェットタオルで体ふいて液体ハミガキで口腔ケアしておやすみ〜♬

みんなで楽しくテントを張ったり、非常食でご飯をつくったり。携帯トイレや簡易トイレなどの防災グッズを使ってみると、使い勝手をチェックできます。

防災のマストアイテムは家にあるこの二つ

段ボールと新聞紙があれば、トイレもベッドもつくれる！

新聞紙や段ボールは災害時、さまざまな力を発揮してくれるお役立ちアイテム。**古紙回収に全部出すのではなく、つねに一定量をもっておくようにしましょう。**

地震などで困るのがトイレですが、新聞紙と和式便器くらいの大きさの段ボール箱、そして大きめのポリ袋があればつくれます。組み立てた段ボール箱にポリ袋をかけ、新聞紙を詰め込んでつくります。もち運びも可能です。災害が起こった後に自宅で過ごすなら、自宅の便座に直接ポリ袋をかけて使います。

また、平たくした段ボールの上に新聞紙を厚めに敷けば簡易ベッドにも。段ボールは軽くて丈夫。テーブルに、イスにと変幻自在です。

新聞紙がなければ代用品を用意

雑誌やペットシーツ、おむつでも代用できます。なるべく常備しておきましょう。

段ボールと新聞紙の活用法

● コタツのつくり方

大きめのポリ袋の中に新聞紙でくるんだ両足を入れ、袋の口を閉めれば、暖を取ることができます。

● 簡易トイレのつくり方

材料
段ボール箱、大きめのポリ袋2枚、新聞紙

組み立てた段ボール箱にポリ袋を2枚重ねてかけます。中に四つ折りの新聞紙を敷いてできあがり。捨てる時には、キッチン用漂白剤を数滴たらして上の袋だけを取り出して捨てます。

● 簡易ベッドのつくり方

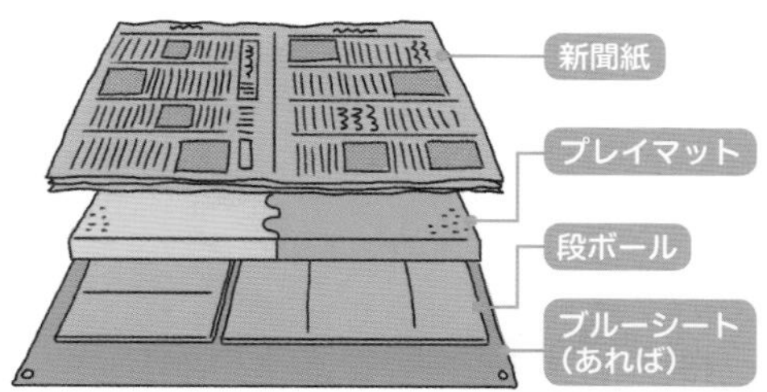

床にブルーシートを敷き、その上に平たくつぶした段ボールと子ども用プレイマット（または発泡スチロール）を重ねて寝ます。掛け布団の代わりには新聞紙を。

Chapter 3 今年中にはじめる**防災生活習慣**

貴重品こそ防災対策しておくべき！

思い出の品、重要書類は安全な場所へ疎開させておく

洪水や土砂災害津波の危険地域にお住まいなら、家族や自分の身を守ることに加えて、財産や権利、思い出の品や写真を守るアクションも平常時から実践を。

まず財産や権利に関しては、紛失や焼失後に再発行できるもの（預金通帳、免許証、パスポートなど）と、できないもの（権利関係）を調べておきます。その上で失ったら困るものは被害を受ける前に、**銀行の貸金庫、トランクルーム、実家に預けるなどして、安全な場所に疎開させておく**のも一案です。

思い出の品や写真、重要な書類のデータは、セキュリティがしっかりしていて信頼のおけるクラウドサービスを使って保管しておくと便利です。

疎開させた後もケアしましょう

疎開させたモノも1年に一度はチェックしておくようにしましょう。

今年中にできること 4 上級

ゆがんだドアをこじ開ける必須アイテム

一家に一つのバールは鉄則 救助や脱出に備える

激しい揺れがくると、身を守ることが最優先になります。「地震がきたらドアを開ける」とよく聞きますが、そんな余裕はありません。ですが、地震でドアがゆがんでしまったら、素手でドアをこじ開けることはほぼ不可能といわれています。

そこで、一家に一つはかならず備えておきたいのがバールです。バールとは、釘抜きとして使われる棒状の工具のこと。**ドアの隙間にバールを差し込み、テコの原理でこじ開けることができます**。軽くて強く、女性や高齢者でも使いやすい救助用のバールもあります。バールは、窓ガラスを割る道具にもなります。ガラスにガムテープを貼り、飛散防止をしてから割りましょう。

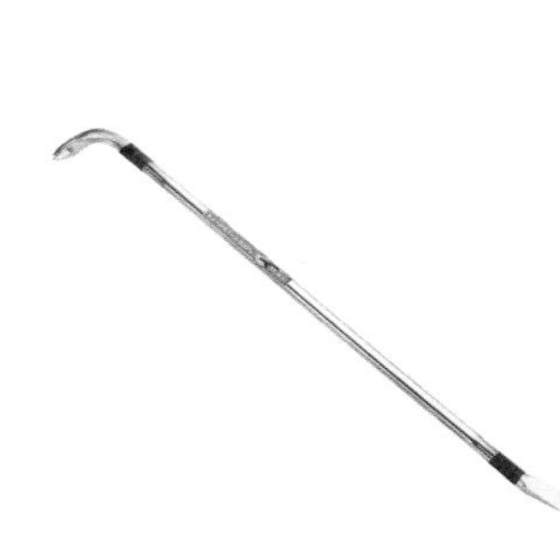

ちょーかるバール

バクマ工業／5181円（税込）。長さは90cm。パイプ構造になっているため軽く、女性や年配者でも扱いやすいバール。39～120cmまであり、サイズ展開も豊富です。

被害の少ない家具のレイアウトを考える

背の高い本棚などをまとめて「家具の部屋」をつくろう

固定されていないすべての家具が、大きな地震では危険な凶器になります。倒れたり、中のモノが飛び出すことも考えられます。そこで家具を一つにまとめるという安全対策もあります。

一つの部屋をウォークインクローゼットのような「家具の部屋」にすれば、ほかの部屋は安全なスペースになります。部屋に余裕がなければ、家具をできるだけまとめるように配置します。家具が倒れても影響のない、安全な空間を確保するようにしましょう。

寝室やドア付近、廊下や玄関は家具を置かないようにします。家具が倒れてドアが開かない、廊下が通れないなど、避難できなくなる可能性があるからです。

配置を変えるだけで防災になる

子どもが独立して空いた部屋があったら家具部屋にしてはいかがでしょう。

安全な家具設置のポイント

● 家具はできるだけまとめて配置して安全なスペースを確保する

● 背の高い家具をまとめたスペースをつくる

複数のパターンを用意

災害用伝言ダイヤル171と「web171」を使うのが基本

被災時に家族と連絡が取れないと、心配で気が休まらなくなるものです。通信施設がダメージを受けることもあるので、複数の連絡手段を用意しておきましょう。

基本として利用したいのが、**NTTが提供する「災害用伝言ダイヤル」です**。「171」にダイヤルして伝言を残したり、聞いたりすることができます。

インターネットで利用できる、**災害用伝言板「web171」**もあります。災害用伝言ダイヤル（171）や、各携帯電話の伝言板とも連携していて便利。事前に登録しておくと、伝言をメッセージで教えてくれます。いずれも、体験利用日に家族で体験しておきましょう。

メッセージを決めておきましょう

下記のようにポイントをしぼります。①自分の安否状況 ②今いる場所 ③用件 ④次に連絡する日時

家族との連絡手段（基本）

● 災害用伝言ダイヤル 171 の使い方

NTT が提供している災害用伝言ダイヤル「171」は無料サービスです。「171」に電話をかけて、自分の音声を録音したり、相手の録音メッセージを聞いたりすることができます。録音は 30 秒以内で、20 伝言まで可能です。

利用の仕方

❶「171」に電話をかける
❷ 録音するには「1」、メッセージを聞くには「2」をダイヤル
❸ 電話番号を市外局番からダイヤル
※携帯電話の電話番号でも可能
❹ 伝言を録音（または再生）

家の電話番号で自分の安否の伝言を**録音**
(例) 171-1-0●●●-●●-●●●●

母の携帯電話の番号で母の伝言を**確認**
(例) 171-2-090-●●●●-●●●●

家の電話番号で子どもの安否の伝言を**確認**
(例) 171-2-0●●●-●●-●●●●

母の携帯電話の番号で母の伝言を**録音**
(例) 171-1-090-●●●●-●●●●

● 体験利用をしておこう！

「171」は年に数回、体験利用できる日があります。いざという時にパニックにならないように、一度は体験利用しておくことをおすすめします。

体験利用日

・毎月1日と15日
(00:00～24:00)
・お正月
1月1日 0:00～1月3日 24:00
・防災週間
8月30日 9:00～9月5日 17:00
・防災とボランティア週間
1月15日 9:00～1月21日 17:00

通信会社の伝言板や中継する人を決めておく！

家族や親族の電話番号を控えスマホの災害用伝言板も利用する

家族が使う**スマホの通信各社も、大規模な災害が発生した時は、「災害用伝言板」を開設**しています。登録方法や利用方法、保存期間などを各社のホームページで確認しておきましょう。体験期間を設けているので、こちらも一度利用しておくと安心です。

またあらかじめ遠方の親類や知人を中継地点として、**家族の安否や避難先を確認する「三角連絡法」という方法も有効です**。中継地点となる人は１人ではなく、複数の場所の人を設定しておくとよいでしょう。

災害時は公衆電話が無料で使えるようになることも覚えておくとよいでしょう。アナログの公衆電話は使用時に硬貨が必要ですが、通話後に戻ってきます。

事前の登録がポイントです

災害用伝言板をスムーズに使うために事前に家族を登録しておきましょう。

複数の連絡方法を用意する

● 携帯電話の災害用伝言板

自分が使っている携帯電話の通信会社が行なっている災害用伝言板サービスを使うのも一つの連絡手段となります。こちらも「171」と同様に毎月1日、15日などの体験利用できる日が設定されているので、一度はアクセスして確かめておくとよいでしょう。

ソフトバンク
https://www.softbank.jp/mobile/service/dengon/

KDDI au
https://www.au.com/mobile/anti-disaster/saigai-dengon/sp-usage/
※災害用伝言板のほか「au災害対策アプリ」もある。

NTT ドコモ
https://www.nttdocomo.co.jp/info/disaster/

Y! mobile
https://www.ymobile.jp/service/dengon/

● 三角連絡法で安否確認する

被災地内の電話は通じにくいので、遠方の親戚や知人など、災害時に頼る人を家族で話しあっておきましょう。いざ家族と連絡が通じない時、連絡の中継地点にすることもできます。

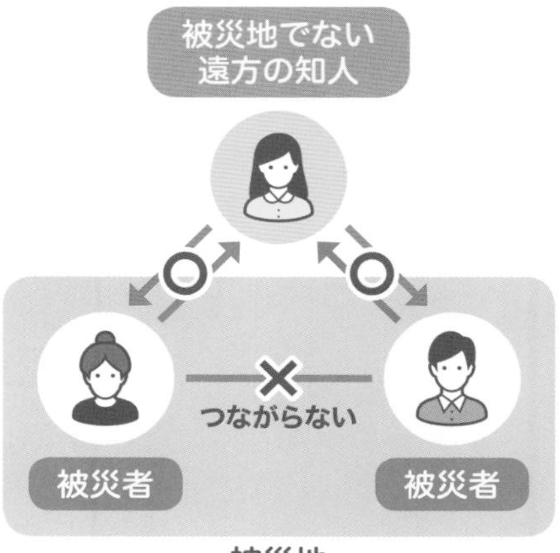

 ペットの防災対策も抜かりなく！ 

マイクロチップ!?
埋め込む!?
今ってそんなこと
できるんだ!
!!
マサコさんは
いつも
こっちの
想像の
上をいくっ
そうすれば
災害時に迷子になっても
戻ってきやすいんですって
飼い主
マサコ
○○町
○○-○○
迷子
マイクロチップ
リーダー
すごーい!
ハイテク!
ラブちゃん
安心な
あとは
もしもの場合に備えて
預け先を探しておこうと
思っています
ラブは大切な
家族だからね!
ワン

今年中にできること 8 上級

犬はほえないように、猫はケージに慣らす

避難所で、少しでも安心して過ごすための ペットのしつけ

避難所内にペット同伴で入れるかどうかは、自治体によって対応が違っています。ペットを飼っているご家庭は平常時に一度は調べておきましょう。ペットとともに避難所で過ごす場合、日頃からのしつけがとても大切になります。

まずは、**長時間使うことになるケージやキャリーバッグに慣れておくことです**。犬はあまりほえないよう、ほかの人や動物を怖がらないようにしつけましょう。

しつけが難しい猫は、日常的にケージやキャリーバッグを置いておきます。おもちゃを入れ、中で遊ぶ習慣を付けるとよいでしょう。健診などで動物病院に通うと、ほかの動物や人に慣れることができます。

ペットの受け入れは自治体によって違う！

地域で避難所運営の訓練があったらペットの受け入れについて確認しておきましょう。

ペットの災害対策

● 普段からケージで過ごす習慣を

動物病院での定期健診など、移動でキャリーバッグを使うことにペットも飼い主も慣れておくとよいでしょう。

● ペット仲間をつくっておく

ペット仲間をつくっておくと、いざという時に「預かる」「預かってもらう」こともできます。
SNS やスマホでペットコミュニティに参加して情報交換をしておくのもよいでしょう。

今後は法律によって義務付けられる

ペットはマイクロチップ装着 迷子になっても見つけられる

災害の際には、大切なペットとはぐれてしまうことも少なくありません。再会できる可能性を高めるのが、個体識別ができるマイクロチップです。

所有者の情報を記録したマイクロチップを、犬や猫に装着することを義務付ける改正動物愛護法が2019年に成立し、施行へと動き出しています。飼い主が安易にペットを捨てるのを防ぐと同時に、災害などで迷子になった時に役立てることを目的としています。すでに飼っているペットには努力義務とされています。とはいえ、もしもペットが行方不明になってしまった場合、写真や特徴だけで見つけ出すのは難しいのが現実です。動物病院で相談して、なるべく装着しておきましょう。

ペットを失わないために今できること

1日も早く行方不明のペットと会えるようにできるだけの準備はしておきましょう。

夜中の停電、災害時に活躍する便利アイテム

暗闇で光る蓄光テープで通路やグッズがすぐわかる

暗闇での避難に備えて、蓄光テープを活用しましょう。蓄光テープは、太陽光や蛍光灯などの光を吸収して光ります。**室内なら廊下の床やドアノブ、階段や手すりなどに貼っておくと、光って目印になってくれます。**もち出し袋やヘルメット、懐中電灯、スマホ、枕元の靴などに貼っておけば、必要なものがすぐ手に取れます。

ただし、自家発光ではないので電気が当たる場所や光が差し込む場所に貼り付けて使用してください。携帯電話はハート、懐中電灯はクローバーという具合に、形を決めて貼ってもいいでしょう。

LTI 蓄光テープ 高輝度 SUPERα-FLASH 丸型シール(15個入り)

エルティーアイ／1078円(税込)。蓄光テープは100円ショップでも手に入りますが、明るさや残光能力に差があります。LTI蓄光テープは驚きの明るさが長時間続きます。

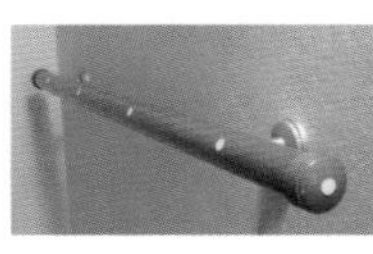

水難から命を守る

水中でもがくのは逆効果！顔を上にして浮くのが正解

水難事故の7割以上は、衣類を着たまま入水しているというデータがあります。服を着て泳ぐのは、水泳のプロでも難しいことです。ライフジャケットや浮き輪がなくても、落ち着いて行動することが大切になります。

服のまま落水したら、慌てず顔を上にして浮き、静かに救助を待ちます。これが、助かる確率がいちばん高い方法です。服や靴は、浮力があるので脱ぎません。もがくと服に含まれた空気がなくなり、大声を出すと肺の空気が減って、あっという間に沈んでしまいます。

また、車の場合は30センチメートル以上冠水すると水圧でドアが開かなくなります。冠水時に車での避難は危険です。浸水でエンジンがとまったらすぐに車外へ。

もし溺れている人を見つけたら？

少し水の入った2リットルのペットボトルを投げます。抱きかかえることで浮きやすくなります。

水難事故で生き延びるコツ

● 服のまま落水した時

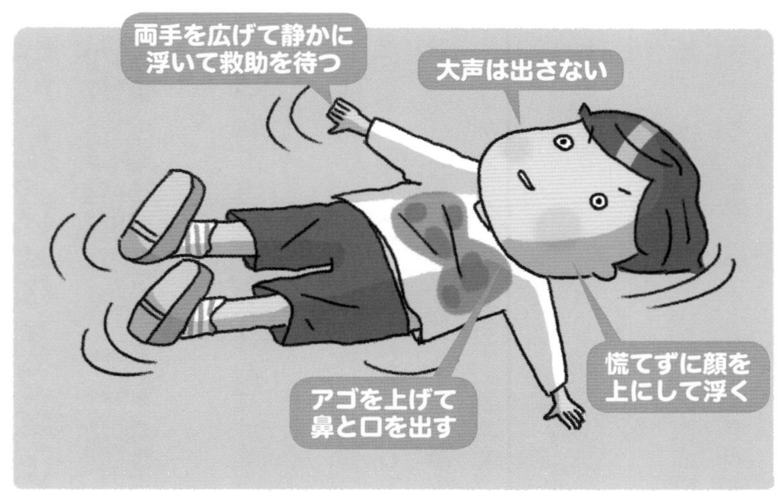

● 水没した車からの脱出

※自動車メーカーにこの方法で窓が割れるか事前に確認しておきましょう

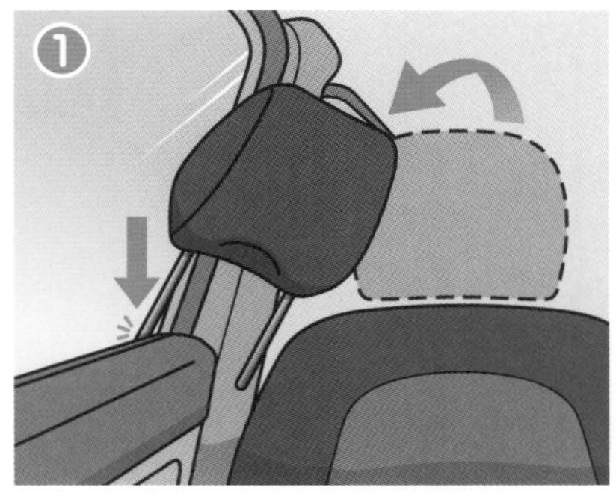

座席のヘッドレストを引き抜き、ヘッドレストの棒をガラスの隙間に刺し込みます。

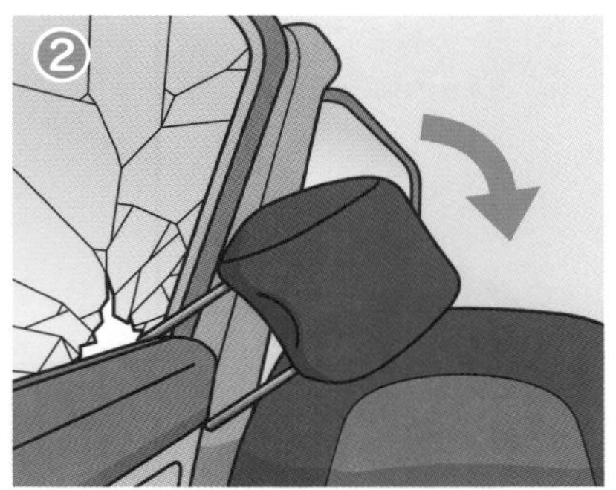

差し込んだ棒を手前に倒し、テコの原理で割ります。

今年中にできること⑫ 上級

家族の命を救うために救命講習に参加しよう

大災害になると、救急車はすぐ来ません。できる限りの応急処置をして、ダメージを最小限にしましょう。

地震では、ガラス片などによる出血、打撲や骨折といったケガが多くなります。胸を強打して心肺停止するケースもあります。道具がない中で、身の周りにあるモノを使って手当てをすることが必要です。

こうした処置法を学ぶために、**救命講習に一度は参加しましょう**。全国の消防本部・消防署や日本赤十字社などで開催されています。救命講習では、胸骨圧迫（心肺蘇生）やAEDの取り扱い、大出血時の止血法、外傷の手当てなどを順に学ぶことができます。消防庁は、一般市民向け応急手当WEB講習を配信しています。

動画を見ておくだけでぜんぜん違います！

YouTubeなどにも応急処置の動画があるので、視聴しておくといざという時に役立ちます。

災害時の止血法

● 直接傷を押さえて止血する場合

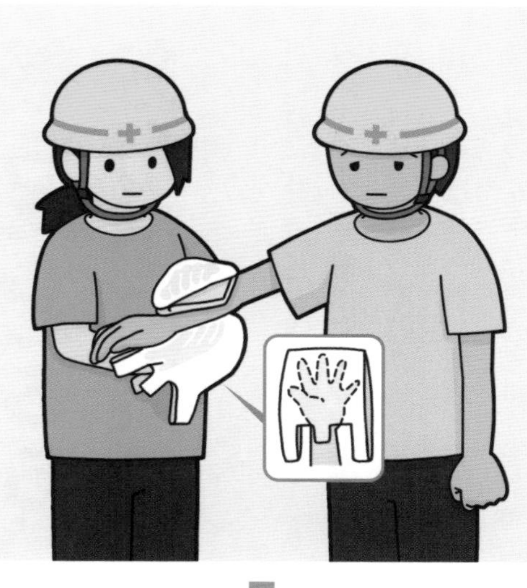

❶
感染防止のためビニール手袋（手袋がない場合は、ビニール袋で代用してもよい）で手を覆い、ガーゼなどを傷に当て強く押さえます。

❷
傷口を心臓より高い位置に上げて圧迫。止血できたら包帯などで固定します。

今年中にできること 13 上級

包帯、命綱、布おむつにもなる万能アイテム

親も子どもも、さらしでのおんぶに慣れておく

「さらし」は、手ぬぐいや乳幼児の肌着などに使われる織物です。**非常に丈夫で、災害時には包帯、命綱、下着代わり、幼児や高齢者をおぶっての避難にも使える万能ツールです。**つねに家族がケガをする想定をしておきましょう。とくに子どもは、避難時に歩かせると危険なことがたくさんあります。ケガや道路の状況によっては、小学生でも背負ったほうがいいくらいです。

近年は、おんぶでの搬送が着目されています。避難時に両手が使えて足元が見えること、背負われた子どもは安心感を得られることが利点です。さらしがあればおんぶひもがなくても背負えますので一反はかならず用意しておきましょう。親子でおんぶに慣れておきましょう。

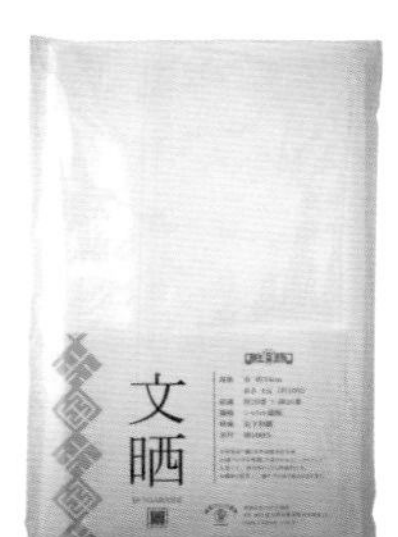

知多木綿 文晒（1反約10M）

竹内宏商店／1250円（税込）。文晒は愛知県の知多地域で織られた高級手拭生地で、通気性のよさも特徴的です。

さらしでおんぶする方法

用意するもの　**4～4.5メートルのさらし**
※真っ白なので、あらかじめ好きな色に染めてもよい。

さらしの真ん中を子どもの背中に当てて両脇を通し、胸ぐらをしっかりもちます。

子どもの腕がママの肩に乗る高さに、一気に背負います。さらしを両肩にかけます。

片方のさらしを子どものお尻へ回し、足の下を通して前へもっていきます。

反対側の肩にかかっているさらしも同様に、子どものお尻下を包んで前側に引き出します。

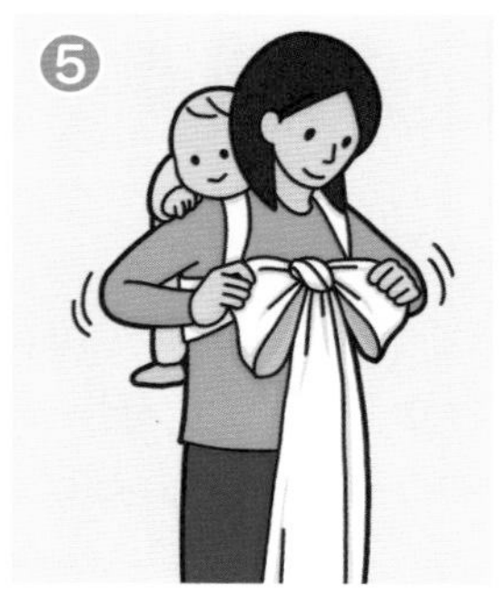

前にきた２本のさらしは、❸❹をくり返して長さを調整し、前で結びます。

肩や脇の部分のさらしを広げます。重さを分散することで、肩にさらしが食い込むのを防ぎます。

緊急度は、簡単なブランチテストでわかる

爪を押さえて離し、2秒待つ赤みが戻らなければ重症

目の前に「大丈夫かな？」と心配な人がいたら、簡単なテストで重症度を見分けることができます。まず、その人の手の爪が白くなるまで、5秒間指で押さえます。**指を離して、2秒以内に赤みが戻らないなら、血管や心臓といった循環器系の重症状態が考えられます。**

これは、医療現場でも使われている「ブランチテスト」という方法です。これで、毛細血管が充満する時間を測っていいます。脱水症状の場合も同じようにすると、赤みが戻るのに3秒以上かかるといわれています。

ほかに、浅くて速い呼吸をしている、簡単な問いかけに答えられないようであれば、ショック状態と考えます。命の危険があるため、すばやく救助を求めましょう。

知識があることで救える命があります

いち早く異常に気づくために自分の状態を知ることは大切です。子どもと一緒に試してみましょう。

ブランチテストの仕方

❶
指で爪を５秒押さえて離します。

❷
２秒以内に赤みが戻らなければ重症と判断し、医療機関へ搬送しましょう。

要救助者のサイン

- □ 呼吸が浅く速い
- □ ブランチテストで爪の赤みが2秒以内に戻らない
- □ 単純な指示に従えない
- □ 意識不明
- □ 患部の大きな腫れ
- □ 出血がひどい
- □ 手足を動かすことができない

救助を急ぐあまりに救助者がケガをしたり感染しないよう、ヘルメットや手袋を装着するなど、自分の身も守りましょう

応急手当てを学んでおこう！

Chapter 4 今すぐ買いたいグッズ

この章では、監修者・国崎信江先生おすすめの防災に役立つグッズを紹介します。防災グッズにはかなり本格的なものがありますが、ここではおもに100円ショップやホームセンターなど、比較的安価で買えるものをそろえています。

 防災グッズは何を買えばいいの? 

なんといっても停電で携帯電話の電池が切れるとピンチよね
やばいやばいっ
連絡とれないっ
情報入らないっ
充電できないっ
ウチは車のシガーソケット用USB充電器とソーラーパネル式充電器で備えていますよ
ほかにもいろいろ
シガーソケット用USB充電器
電池式充電器
モバイルバッテリー
手まわし式充電器
ソーラー式充電器
電池式充電器なら100均グッズにもあるね
さっそく買ってこよっ
電池はもちろん別売りよ

災害時は意外とアナログなモノが活躍するんですよ
たとえば・・・
新聞紙はある程度ストックしておくと役立ちます
簡易トイレに
火を使う時の燃料に
しいたりぞうきんの代わりにしたり
あ！ウチ新聞とってなかったな……
あと〝さらし〟や手ぬぐいも万能アイテムですよ
手ぬぐい
さらし
タオルとして
ケガした時に包帯として
マスクとして
マフラーとして

停電になると
掃除機はもちろん使えないので
ほうきやちりとりも活躍します

これなら100均で
大丈夫ですね

わが家の掃除は
ロボット掃除機に
任せているから

SOUJI

充電式だから
案外いけるかも

台風の後は
割れたガラスが
散らばっていることも
ありますから

粘着ローラーや
ガムテープも
あると便利！

粘着ローラー

ガムテープ

コロコロ

大きいブルーシートも
避難所で敷いたり
屋根の雨漏り対策など
幅広く使えるアイテムです

サイズもいろいろ

家に帰ったら
確認してみようっと

花見で使ったような…

もち歩き用と長期避難用を

モバイル式と乾電池式など スマホバッテリーは複数もつ

スマホは、災害時でも不可欠なアイテムです。かならず充電器も備えましょう。いつでも使えるよう、モバイルバッテリーはカバンに入れてもち歩く習慣を付けることです。もち出し袋に入れっぱなしにすると、自然放電してしまって使えない場合もあるので注意します。

ただし、モバイルバッテリーの充電も使えば切れるので**避難が長期化することを考えて、もち運びできるソーラーパネルや乾電池式の充電器も準備**しましょう。乾電池はストックしやすく、利用しやすいのが魅力です。使用期限があるのでときどきチェックしましょう。

ほかに、自動車のシガーソケットで充電するタイプや、ソーラー充電、手回し充電があります。

5000mAh モバイルバッテリー

3COINS／1100円（税込）。3COINSでは10000mAhのモバイルバッテリーも販売しています。

今すぐ買いたい ② 初級

台風、地震では頭の防護が必要！

かならず通る玄関に家族分のヘルメットを装備

外へ避難する時、多くの場合は玄関を通ります。すぐ使えるよう、玄関にヘルメットを置いておきましょう。避難中に地震が起きると、頭上からガラス片やコンクリート、植木鉢が落ちてきたりします。ヘルメットは、命を守る道具となるのです。**国家検定をクリアして安全基準を満たしているヘルメットは、本体の内側に「労・検」と書かれたラベルが貼られています。**このラベルを目安にして選ぶといいでしょう。玄関は、モノをもち出すのに都合のよい場所です。ヘルメットのほかに、防災用品なども置いておくと便利です。ただし、置きっぱなしではなく、きちんと収納してくださいね。

回転式ヘルメット Crubo（クルボ）

タニザワ／オープン価格。上部をくるっと回すだけで、ヘルメットの高さが約半分になります。A4サイズのパッケージ入なので収納にも便利です。

切り傷、骨折、やけど、打撲などを想定

災害時はケガをすると考えて救急用品を準備する

「災害が起きたらケガをする」という前提で準備します。わかっていても、「自分は大丈夫」と思っている人は多いものです。それは、単なる思い込みです。

災害時は直後、避難時、後片づけの時にケガしやすくなります。すぐに対処できるよう、応急手当て用品を用意しておきます。小型ライトやビニール袋を一緒に入れておくと役立ちます。水を入れたペットボトルを用意すれば、傷口に入った砂などのゴミを洗い流せます。

また、滅菌ガーゼや清浄綿、消毒液、包帯なども使用期限があります。日々の生活で使いながら、ときどきチェックするといいでしょう。

まずは救急箱をチェック

期限切れの常備薬を買い替えることも大切。止血や骨折に役立つものを多めに準備しましょう。

救急箱に入れておきたいもの

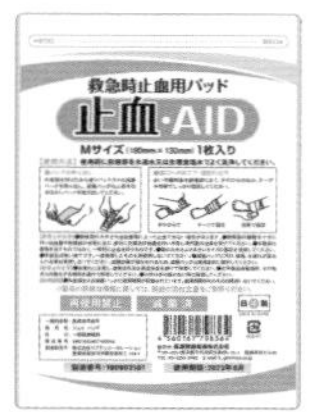

救急時止血用パッド 止血・AID

廣瀬無線電機／1100円(税込)。傷口にあてて押さえるだけの簡便な止血用パッド。薬剤不使用なので副作用が無く安心です。

くっつき包帯

ライフテースト／275円(税込)。止血やねんざ、包帯代わりになるテープ。1人でも巻きやすい自着性タイプです。

指定医薬部外品

マキロン(殺菌消毒薬)

マキロン／495円(税込)。災害時は、傷跡を清潔に保つことが難しいので、消毒液か水道水で殺菌するようにしましょう。

第2類医薬品

セデス・ハイ(40錠)〔解熱鎮痛薬〕

シオノギヘルスケア／2420円(税込)。避難生活の頭痛や発熱時、歯痛にも活用できる鎮痛剤も常備しておきましょう。

ズレ落ちない手袋

ビタットジャパン／429円(税込)。水がない状況で役立つ抗菌使い捨て手袋。料理や介護など、日常的にも使えます。

あると便利！

ハサミ

やけどの際に服を切り離したり、包帯を必要なだけ切ったり、何かと役立つハサミも忘れずに常備しておきましょう。

災害時に多機能な防災グッズになる

ポリ袋などの日用品は多め常備して損ナシ

日頃から使っている日用品には、防災で役立つモノがたくさんあります。代表的なのが、新聞やポリ袋。まず、**どんな使い方ができるのかを知ることが大切**です。

チャック付きビニール袋は、水害時の着替えや、スマホやラジオなどの電化製品など水にぬらしたくないものに重宝します。また、食用油やツナ缶を使って簡易ランプがつくれます。ランタンに頼りすぎると、多くの電池を消耗します。あるもので工夫して、明かりを確保する方法を得ておきましょう。スマートフォンに懐中電灯アプリを入れ、その光の上に水を入れたペットボトルを置くだけでも簡易ランタンができます。事前に明るさを確認しておくことが大切です。

災害時に役立つものを探してみましょう

たとえば大判のバンダナは頭に巻いて髪の汚れ防止や鼻と口にあててマスク代わりになります。

災害時に役立つ日用品

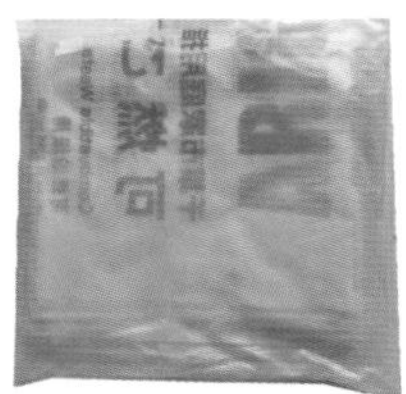

大型ポリ袋

羽織ればレインコートや防寒具に、段ボールにかぶせれば水用タンクにもなります。

乾電池

ラジオや懐中電灯、スマホ充電器などに欠かせません。経年劣化に注意して備蓄を。

布テープ・養生テープ

油性ペンでメモが書けます。養生テープはガラスなどに貼っても跡が残りにくいのが特徴です。

チャック付きビニール袋

服やタオルの圧縮収納、小物入れをはじめ、小物を洗濯する時も少量の水で洗えるなど何かと使えます。

BANDANNA

FLET'S／110円（税込）。ほぼ綿100％でサイズも大きめです。頭や首に巻いたり、水を濾（こ）すフィルターにもなります。

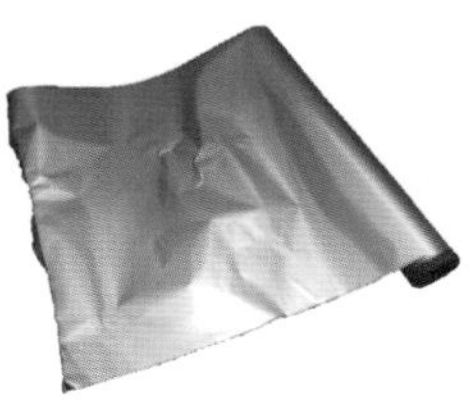

アルミホイル

照明に巻いて明るさ調整、フライパンの汚れ防止、皿代わりや、金たわしにもなる優れモノです。

「あればよかった」と思う見落としがちなもの

掃除道具や消火用具も抜かりなく

防災用品というと、水や食料などばかり思い浮かべがちです。そして、つい防災セットや非常食を購入して安心してしまいがちです。しかしそれだけではありません。火災には消火用具も必要ですし、落ち着いたら散乱したモノを片づける道具がほしい、衛生のために歯ブラシや下着がほしいなど、必要となるものがあります。

それ以外にも、ケガを避けるための道具、**救助するための道具、避難生活や部屋の片づけに必要になるこうしたアイテムにも目を向けましょう。**

実際に被災した人の声に、たくさんのヒントがあります。ネットなどで調べたり、被災時の行動や生活シーンなどをイメージして必要なものを考えてみましょう。

破損したガラスはケガの原因になります

非常時に必要になる掃除道具などは災害が起こると売り切れるので、今から準備しましょう。

つい見落としがちな消火用具と掃除道具

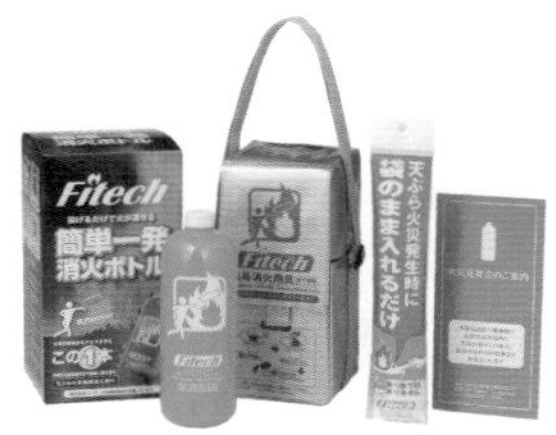

投てき用簡易消火用具

ファイテック／6600円（税込）。投げ入れるだけで消火できます。簡単に消火できるものを、キッチンに常備しておきましょう。

ガラ袋　600x900mm 200枚(ベージュ)

建築土木資材.com／4950円(税込)。土のうやガラ袋は水害の多いエリアでは必需品。ガラ袋は破れにくく丈夫でガレキ入れにできます。

踏み抜き防止インソール フットレスキュー

ライフテースト／1408円（税込）。ガラスやガレキから足裏を守ってくれます。防水性があり、防寒にも役立ちます。

ブルーシート

倒壊した家屋の補修や避難所での目隠し、屋外にモノを置く時のカバーなどに使えます。

ホウキ・チリトリ

モノが散乱した室内の掃除に。ガムテープや粘着ローラーもあると便利です。

スペクトラ・スパンデックス

ファルコン／3080円(税込)。サイズはM、L、LLの3サイズ。手のひらと指先にコーティングが施され、突刺し抵抗がある耐磨耗・耐刃手袋。

アウトドアで兼用できる優れモノ

今日はマサコさん一家と日帰りキャンプに来ました

アウトドアグッズは防災グッズになるものが多いよね

テントの練習しておいてよかったー

そう！今日はいろいろ試そうと思ってもって来たんですよ

まずは※ペットボトル型浄水器

これは雨水や川の水お風呂の残り湯でも安全な飲み水にできる優れモノなんですって

たとえばこんな泥水が

ハイこのとおり！

※価格や製品によって濾過できる物質が異なります

Chapter 4 今すぐ買いたいグッズ

キャンプを楽しみ、防災にも役立てる

コンパクト&軽量で便利なアウトドアグッズをフル活用

屋外で使うことを前提とするアウトドアグッズは機能的で耐久性が高く、コンパクトで軽量化されていることが特徴で、災害時におおいに力量を発揮してくれます。最近はアウトドアでも使える防災用品も増えてきたので上手に使いたいですね。

たとえば、小型テントは着替えやトイレなどに使えます。寝袋はベッド代わりになります。キャンプ用の調理器具の多くは、軽量で丈夫です。アウトドア用のフリーズドライ食品は種類が豊富で、非常食として役立ちます。グッズを使って、実際にキャンプを楽しんでおきましょう。**屋外で調理したり、寝泊まりした経験は避難生活でもおおいに生かせるでしょう。**

シンプルかつ機能的デザインが魅力

アウトドア製品の魅力はデザインもよく機能に信頼がおけること。使い方もシンプル。

活用したいアウトドア用品

ライフジャケット C－2型（小型船舶用）

オーシャンライフ／4950円（税込)。水害エリアのマストアイテムはライフジャケット。子どもには子ども用を選ぶこと。エリアによって、玄関や2階に置くとよいでしょう。

ワンタッチテント NBBT-BG

メテックス／6050円（税込)。初心者でもパッと設置できるワンタッチテント。
大型テントはもちろん、1人用の小型テントも、プライベート空間を確保できます。

ストームクッカーS ウルトラライト

trangia／1万1550円（税込)。アルコールを燃料とするコンパクトで使いやすい調理器具。風に影響されず、効率よく使えます。

LEDヘッドライトLHL-02（ハイブリッドタイプ）

ハタヤリミテッド／オープン価格。暗闇での移動時に両手が使えるので、避難時に最適。首からぶら下げるネックライトもおすすめです。

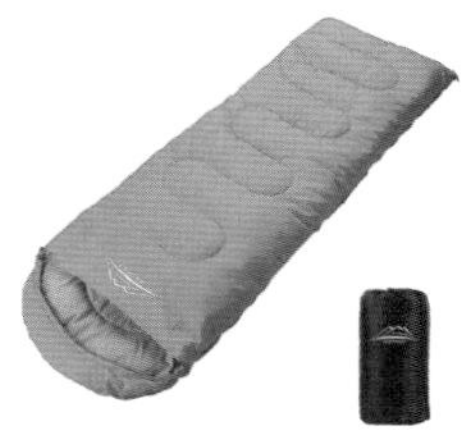

防水シュラフ

LEEPWEI／2880円（税込)。防寒性が優れているシルクコットン製で、保温性能が高い寝袋。丸洗いできるので清潔に使えます。

The Friendly Swede 折り畳みバケツ

The Friendly Swede AB ／ 1995 ～ 2695円（税込)。サイズは10L・16L・23L・30Lの4種類。キャンプや災害時にも使える。

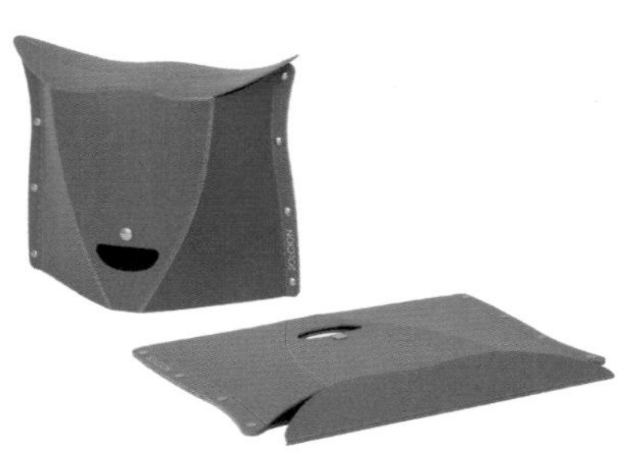

PATATTO 250

SOLCION／1980円(税込)。軽量でコンパクト、座り心地も抜群の折りたたみイス。たたむと3cmくらいの薄さになるので収納場所にも困りません。

LEDランタン MIZUSION(ミズシオン)

Maxell／3278円(税込)。電池がなくても水と塩で発電できるLEDランタン。熱くならず、扱いが手軽でアウトドアにも便利です。

XA PRO 3D V8 GORE-TEX

Salomon／1万8700円(税込)。適度な安定感と快適な履き心地の防水ランニングシューズ。重量は片足370gと軽く、長く歩いても疲れにくいです。

マルチツールフィールドマスター 長さ91mm、高さ20mm、重量100g

ビクトリノックス／5104円(税込)。ノコギリ、栓抜き、ハサミ、マイナスドライバーなど多種の機能があって便利です。

防災推奨製品 ハザードトーク

テレネット／0120-266-860 災害時に繋がりやすい業務用無線機。写真／動画、GPS で災害の情報を即時に取得共有できます。ほかの通信機器とも通話が可能。

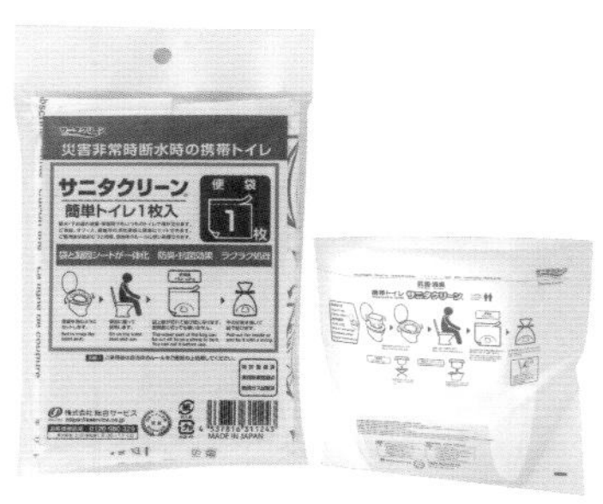

簡単トイレ(1枚入)

総合サービス／242円(税込)。便袋が1枚入ったセット。お試し用や防災訓練などイベントの各種ノベルティにも最適です。

ホイールクーラー 60QT ブルー／ホワイト

コールマン／8980円(税込)。食料のストックや給水タンクにもなるクーラーボックス。キャスター付きなら移動も楽。56Lの容量も魅力です。

CUBIC WATER BAG 5L

総合サービス／1023円(税込)。背負いひもが付属してあるので、リュックのように背負うことができる給水袋。折りたたみもできてコンパクトに収納できます。

今すぐ買いたい 初級 7

衛生用品から緊急用品まで

100円ショップの優秀な防災グッズ

防災グッズの準備にあたって、予算が気になる人も多いことでしょう。そこで強い味方になってくれるのが、100円ショップです。ここには、キッチン用品、日用品、アウトドア用品、トラベル用品といった商品が充実しています。防災に使えるものも数多くあり、100円ショップならではの優秀なグッズもたくさんあります。

ただし、商品によっては数が少ない、すぐに使えなくなるといったケースも見られます。**実際に使い、災害時に使えるかどうか判断したほうがいいでしょう**。また、人数分をそろえるためにいくつも購入すると、結局は割高になることもあります。基本的な防災セットをそろえてから、足りないものを補うスタイルがおすすめです。

防災専用グッズじゃなくてもOK！

命を守るために性能を選ぶべきモノと100円ショップの商品で足りるグッズとの見極めが大切。

おすすめ100円ショップの防災グッズ

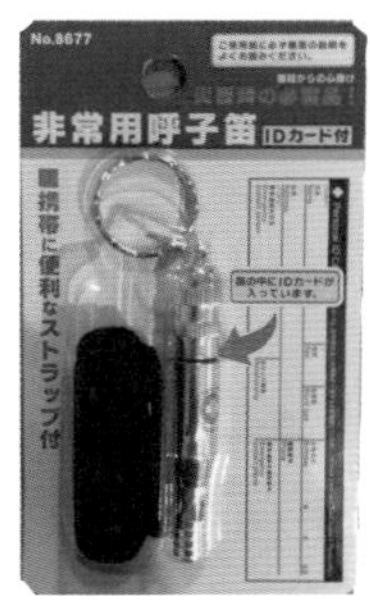

非常用呼子笛

FLET'S／110円（税込）。氏名を記載するIDカード付きの緊急用の笛。単なる笛よりも、少ない息で人間の耳に届きやすい音を出す緊急用を選びましょう。

簡易ブランケット

FLET'S／110円（税込）。緊急時の体温確保に便利な、緊急簡易ブランケットシートです。サイズは約140×210cm、1枚入。

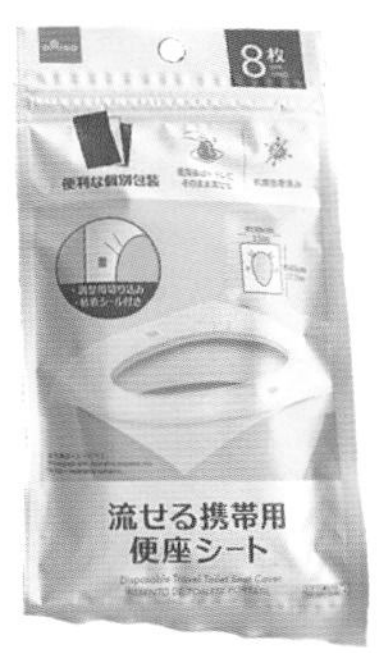

流せる携帯用便座シート（8枚）

DAISO／110円。個包装なのでもち歩きがしやすく、使用後はトイレにそのまま流せる携帯用便座シート。避難所のトイレなどでも使えそうです。

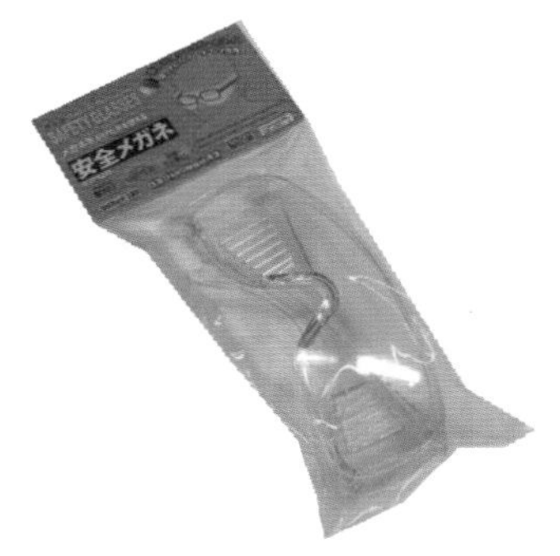

メガネをかけたまま使える安全メガネクリアK290

DAISO／110円（税込）。粉塵から目を守ってくれる防災用ゴーグルは、保護メガネ、安全メガネ、花粉症対策のメガネとしても代用できます。

ガラス飛散防止安全シート

DAISO／110円（税込）。フィルムはガラス全面に貼らないと効果がないので、サイズを確認してから購入しましょう。

落ち落ちV 歯みがきシート10枚入

DAISO／110円（税込）。水がなくても口腔ケアできる歯磨きシート。マイクロファイバーが歯や舌の汚れを拭き取ってくれます。

携帯用　折りたたみコップ200ML

Can★Do／110円（税込）。ポケットに入るほどコンパクトで、カラビナ付きなので普段からもち歩くのにも便利。災害時に1人1個あると衛生的に使えます。

使い捨てショーツ（女性用、Lサイズ、5枚）

DAISO／110円（税込）。使い捨てることを前提とした紙パンツ。旅行やサウナなどで利用されるアイテムですが、災害時にも活用できます。

メイク落としシート BOXコラーゲン

Can★Do／110円（税込）。水が使えない場合もあるので、オイルベースではなくウォーターベースのものが理想的。まつげエクステの方でも使用できます。

ブザー付ライト

DAISO／110円（税込）。子どもや女性への犯罪を防ぐ防犯ブザー。災害時は施錠できない場合もあり、犯罪が増える傾向にあります。女性と子どもには必須アイテム。

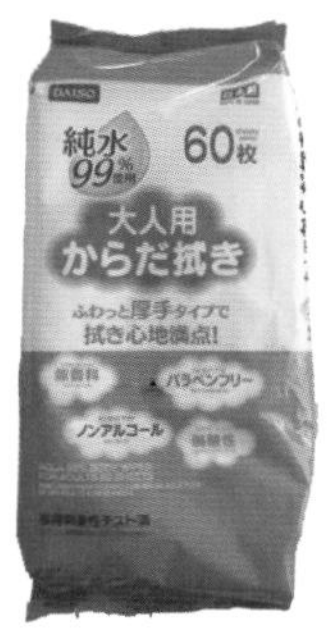

純水99％使用 大人用からだ拭き60枚

DAISO／110円（税込）。お風呂に入れない場合も想定して用意しておきたいからだ拭きシート。ノンアルコールなので肌にも優しい使い心地です。

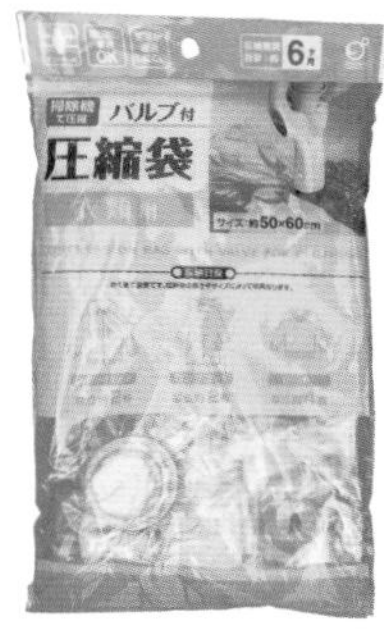

衣類収納用圧縮袋 60×60CM

Can★Do／110円（税込）。荷物をコンパクトにできるから便利。掃除機で簡単に圧縮でき、チャックしやすいスライダーも付いています。

季節の変わり目に見直しておきたい！

防暑・防寒・雨対策 季節ごとに必要なアイテム

防災グッズは、一度そろえたら終わりではありません。冬と夏、梅雨などの季節によって必要なものが違ってきます。**少なくとも衣替えの時に、防災グッズの中身を見直す習慣を付けましょう。**

夏は暑さ対策、熱中症対策が不可欠です。多めの飲料水と塩分を補給できる塩飴などを用意します。汗を大量にかくので、汗拭きシートや下着など衛生面にも配慮しましょう。冬の寒さは、激しく体力を消耗させます。体全体を温めるブランケットや毛布を準備します。カッパは通年必要です。梅雨や台風の時期に浸水の危険がある場合は、傘をささずに杖や長い棒を用意すると、マンホールや側溝に落ちないよう、確認しながら移動できます。

のどもと過ぎれば暑さを忘れがち！

虫よけ、扇子（せんす）、うちわ、モバイル扇風機（せんぷうき）、カイロ、保温機能下着など季節で必要なグッズも忘れずに。

季節ごとに備えたいグッズ

カロリーメイト ゼリー

大塚製薬／216円（税込）。1袋200kcal。バランス栄養をすっきり飲みやすいゼリーで。日常的に摂取しながら備える家庭内流通備蓄に。

ネッククーラーNeo

THANKO／5980円（税込）。首にある動脈を冷やすから冷却効果抜群です。モバイルバッテリーを接続して使用します。

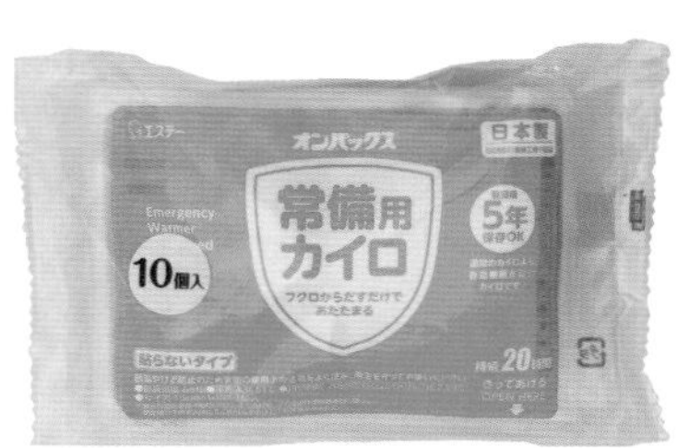

オンパックス 常備用カイロ（10枚入）

エステー／保存期間が５年なので備蓄用品に向いています。持続時間は20時間。業務用ルートやネットで一部販売されている商品。

レインウェア

MaxWant ／3080円（税込）。防災用レインコートは動きやすい上着とズボンのセパレートが鉄則。夜でも目立つ明るい色や、反射板付きがおすすめ。

水がいらない衛生用品

お風呂に入れない状況でも体や空間を清潔に保つアイテム

被災生活では水が不足することから衛生環境が悪くなりがちです。衛生にデリケートな女性の場合はとくに、不衛生な環境が耐え難く感じることもあり、ストレスや体調不良のリスクが高まることがあります。

そこで役立つのが、口の中を拭くだけで清潔さをキープできる歯磨きシートや液体歯磨き、手指消毒ジェルなどの水を使わない衛生グッズ。水を使わずに洗髪できるグッズや体拭きシートもあるとよいでしょう。

また**お風呂に入れない不衛生な環境では、体臭などのいやなにおいが気になってくることもあります**。空間を消臭するグッズや抗菌剤、アロマオイルなども用意しておくと、におい問題も改善できます。

歯周病は万病のもと！日常的な口腔ケアを

被災中でも歯痛はガマンできないことがあるので、普段から口腔ケアを怠らないようにしましょう。

衛生環境を整えるグッズ

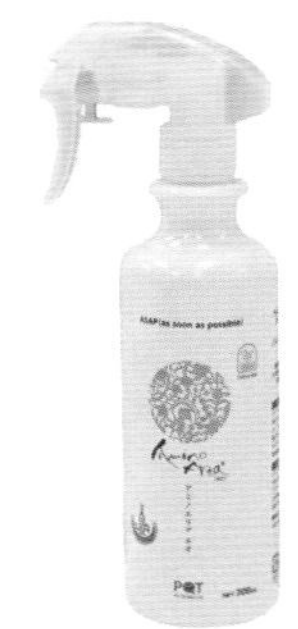

アミノエリアneo 300mlスプレー

ピーキューテクノ／1595円（税込）。大豆アミノ酸を主成分としたノンアルコールの抗ウイルス・抗菌・消臭剤です。ウイルス・細菌に高い効果を発揮し、持続性もあります。

水のいらない 泡なしシャンプー ウェット手袋（2枚入）

四国紙販売／306円（税込）。しっかりと地肌を拭くことができて爽快に。体も拭けるので、夏は多めに用意をしておきたい逸品です。

長期保存用 ガム・デンタルリンス（250ml）

サンスター／825円（税込）。水が使えなくなることを想定して、液体歯磨きを普段から常用しておくとよいでしょう。積極的な歯周病ケアにもなります。

おしりシャワシャワ

徳重／660円（税込）。手のひらサイズのお尻洗浄器。特殊なノズルで水と空気をミキシングして水玉状に噴射してお尻を洗浄します。

家族構成やペットの有無で備えるものが違う

子ども、女性、高齢者にはないと困るものがある

家族構成や個人の特性、ペットの有無などでそろえておきたいものは変わってきます。家族1人ひとりに合わせた品を備えておきましょう。小さな子どもは、避難所でもじっとしていられません。お気に入りの絵本やおもちゃ、お菓子などは必需品となります。服のサイズがすぐ小さくなるため、衣替えの年2回ほどは見直すようにします。**女性は、生理用品や携帯用ビデ、化粧品、髪をしばるゴムやカップ入りキャミソールがあると便利です。**

高齢者は入れ歯用品や老眼鏡、処方箋など。介護が必要な高齢者なら、主治医の連絡先や介護手帳をコピーしておきます。障がい者も必要に応じて、警報ブザー、筆談用の筆記具などを準備しましょう。

自分で用意しておきましょう

個人で必要なものはすぐには支給されにくいので家族の特性からないと困るものはリスト化を。

人によって、ないと困るもの

明治ほほえみ らくらくミルク(液体タイプ) 240ミリリットル

明治／232円(税込)。水が使えないことも想定すると液体ミルクが防災備蓄に向いています。アタッチメントをミルク缶に取り付けて、そのまま飲める商品もあります。

アテント 夜1枚安心パンツ

エリエール／1958円(税込)。災害時は吸収力が抜群のパンツタイプの大人用オムツがあると心強いです。消臭機能付きも魅力です。

サラサーティコットン100 2枚重ね

小林製薬／550円(税込)。汚れたシートをサッとめくるだけで、簡単に取り替えられる2枚重ねのおりものシートです。

お薬手帳・処方箋

避難生活で薬がなくなることもあるので、お薬手帳はコピーするなどして非常用袋に入れておき、すぐ処方してもらえるように準備しておきましょう。

Chapter 4 今すぐ買いたいグッズ

衛生グッズで野外も快適

Chapter

5

できれば買いたいグッズ

Chapter4で紹介したグッズを用意すれば、防災対策はかなり充実するはず。でも、そこまでいけば、もっと高度なグッズでより強力にしたいと思われるかもしれません。この章では、プロの目線で選んだ、できれば買っておきたいグッズを紹介します。

台風がやってきた！

雨？
まあ、ちょっとくらい
大丈夫かな

ポツ
さっさと
お迎え行こっ
ポツ

ザー
わ〜

ああー油断した！
こんなに降るとは
ママ
びちゃびちゃ
ユメちゃんママ
タオルどうぞ
びたびた
くつした

いきなり雨が
降ってきましたね
ザー
ザー
ザー

ほいくえん
つい油断して
傘をもたずに
出てきちゃったわ

Chapter 5 できれば買いたいグッズ

ほんとだ！大型の台風が近づいてる
台風○号
ちょっとハルキ手伝って！
物干し竿を下ろして植木鉢は家の中に入れておこう
おっけー!!
窓ガラスは飛散防止フィルムを貼っているけど大丈夫かな
ヒュー
ヒュー
停電に備えてスマホは充電しておこう
パパのも!!
念のためモバイルバッテリーも!!

Chapter 5 できれば買いたいグッズ

停電時に自動点灯するライトがあると安心

室内に防災ライト、外はガーデンライトを

地震で激しい揺れが起こると、モノが散乱して動くのも難しくなります。**夜間の停電は、懐中電灯を見つけるのも予想以上に大変なことになります。**

おすすめは、防災ライトを設置することです。普段は足元灯、非常時は懐中電灯として使えます。停電に自動点灯するタイプを選びましょう。

また、ガーデンソーラーライトも用意したいアイテムです。太陽光で充電し、暗くなると自動で点灯します。庭に差すタイプや、バルコニーなどにつるすタイプなどがあります。電池不要で使えて、室内にもち込めば部屋全体を照らすランタンの役割を果たしてくれます。

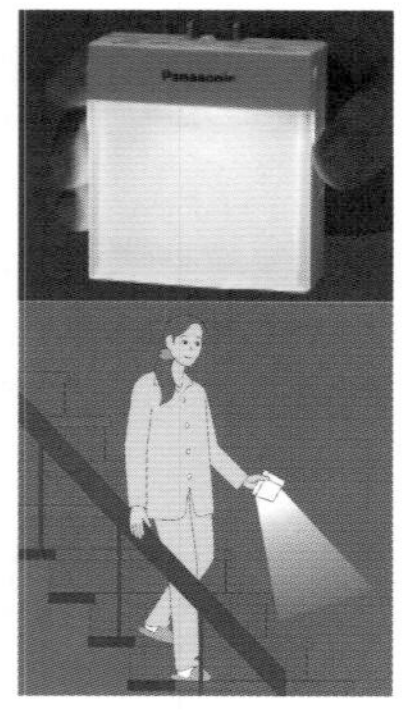

コスモシリーズ ワイド21

パナソニック／5390円（税込）。専用コンセントは1430円（税込）。普段はナイトライトとして、停電すると自動点灯して保安灯に。コンセントから外せば、懐中電灯として利用できます。

備蓄だけでなく、水をつくることも考える

プールの水も風呂の残り湯も飲み水にする、非常用浄水器

断水したら、飲み水の確保が最も重要です。1日に必要な水の量は大人1人3リットルで、家族4人の3日間分は36リットルにもなります。たとえ備蓄していても、取り出せない状態になることも考えられます。3日で水道が復旧するかどうかも保証はありません。

備蓄だけでなく、飲み水をつくり出すことも考えましょう。携帯用の浄水器は、期限の切れた水や風呂の残り湯、トイレのタンク、川や池、プールといった水を飲み水に変えてくれます。ポンプ式や加圧式などがあります。濁りの多い水は、フォルターの目詰まりを起こしやすいので、あらかじめガーゼや手ぬぐいなどで濾過(ろか)してから、浄水器を通すようにします。

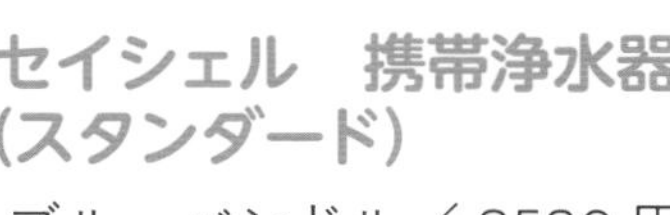

セイシェル　携帯浄水器（スタンダード）

ブルーバンドル／8580円（税込）。有害物質を約99％除去するマイクロフィルター付きで、赤ちゃんのミルク用にも安心。フタにフィルターが装着され、ボトルに水を入れてそのまま飲めるから、扱いが簡単です。

丈夫で扱いやすいキャリーならストレス減

水や物資を運ぶのは人力頼りになる キャリーカート

断水して給水車が到着すれば、水を運搬することになります。水は非常に重く、毎日運ぶ状態が続くことも考えられます。また、避難所生活になると、自宅から生活用品や備蓄品を運び出すことになるでしょう。

道路が寸断されたり、燃料不足になると自動車は使えません。自力で運ぶことになります。そんな時にあると便利なのが、キャリーカートです。**パンクしないタイヤで、悪路でも使用できる丈夫なものを選びましょう。**

折りたたみ式ならコンパクトに収納できます。アウトドアでよく使われるキャリーワゴンは、より多くの荷物を運べます。お住まいの自治区に一輪車やリヤカーなどがあれば、共同で利用するようにします。

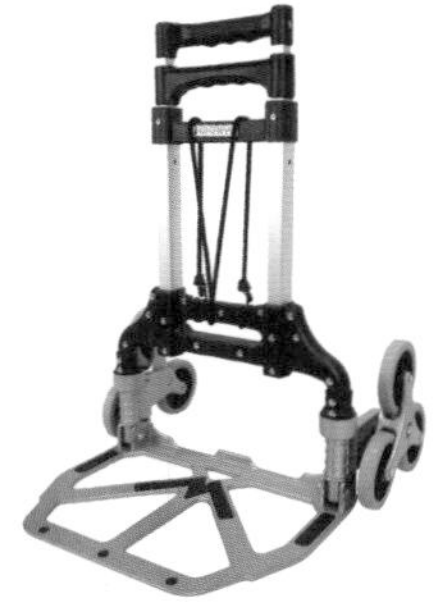

折りたたみ式 アルミ階段台車

KIKAIYA／6590円（税込）。片側に3輪ずつある車輪で、重い荷物を乗せたまま段差を越えられるアルミ製の台車。折りたたんで収納できます。

長期停電に備え、複数の充電ルートを確保

停電中は ポータブル充電器 でいつでも充電、家電も使える

温暖化の影響もあり、発生する豪雨や台風は年々強さが増しています。それにともなって、停電が発生する事態も増えています。今や電気がないと、生活が成り立ちません。備えておきたいのが、電力となる蓄電池です。スマホやパソコン、ラジオはもちろん、大容量の蓄電池があればテレビや電子レンジといった家電も使えます。

蓄電池は大きく分けて、もち運びできるポータブル型と、工事で屋外に設置する定置型があります。**ポータブル型は工事不要で、手軽にどこでも使えることが利点です。**停電が長期化すると、蓄電池の充電が切れる可能性もあります。クルマのシガーソケットやソーラーパネルなどからも充電できるタイプを選ぶと安心です。

Suaoki ポータブル電源 G1000

水原産業／17万9880円（税込）。超大容量の家庭用蓄電池。無停電電源装置を内蔵しているので、停電すると自動的に内蔵バッテリーによる給電に切り替わります。サーバーや水槽など、長時間のバックアップ電源向き。野外テレワークなどに使える小型タイプS370（3万8800円）もあります。

蓄電池への充電や、スマホ・ラジオの充電に

長期間の停電の強い味方 ソーラーパネルシート

停電対策の一つとして、ソーラーパネルによる充電も検討しましょう。小さなものなら、A4サイズほどのコンパクトなパネルです。蓄電池ほどの出力はないものの、スマホやタブレット、ラジオの充電を中心に考えるなら小型ソーラーパネルも活躍してくれます。

スマホを直接充電するよりも、モバイルバッテリーを充電するほうがおすすめです。商品によっては出力のムラがあるため、バッテリー充電のほうが安全です。

ソーラーパネルは、天候によって充電に時間がかかることも知っておきましょう。選ぶ時には、USBポートがあるか確認します。ポータブル蓄電池専用のコネクターのみでは、スマホが充電できないので注意します。

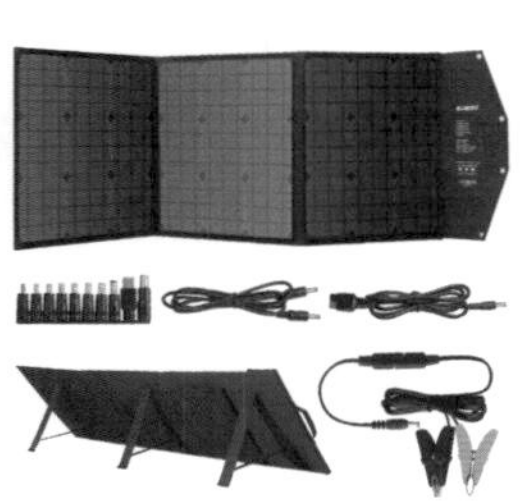

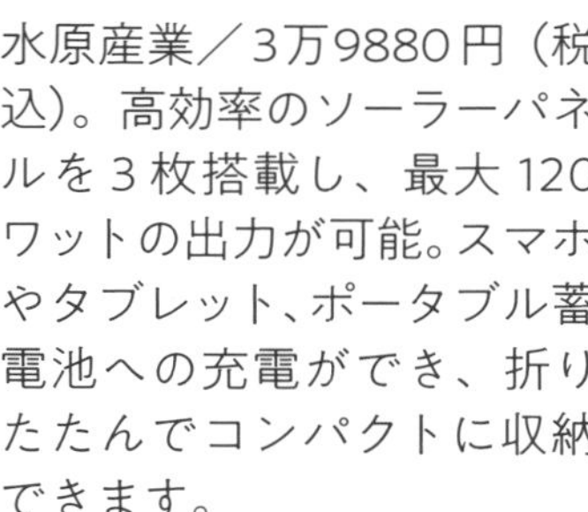

Suaoki ソーラーパネル120W

水原産業／3万9880円（税込）。高効率のソーラーパネルを3枚搭載し、最大120ワットの出力が可能。スマホやタブレット、ポータブル蓄電池への充電ができ、折りたたんでコンパクトに収納できます。

自然放電で使えない問題を解決

水だけで発電する水電池は20年間も長期保存できる

乾電池は、懐中電灯やランタン、ラジオなどに必要となり、欠かせない防災グッズです。一般的な乾電池の使用推奨期限は5年です。保存している間は、自然放電し続けています。そのため、いざという時に使えないケースも多々起きています。

その問題を解決したのが、水電池です。**開封しなければ約20年間の保存が可能で、少量の水を入れるだけで発電して使えるようになります。**

とはいえ、あくまでも非常用の電池のため、アルカリ電池ほどのパワーはありません。LEDの懐中電灯やラジオといった、低電力のアイテム向けに備えておくと安心です。

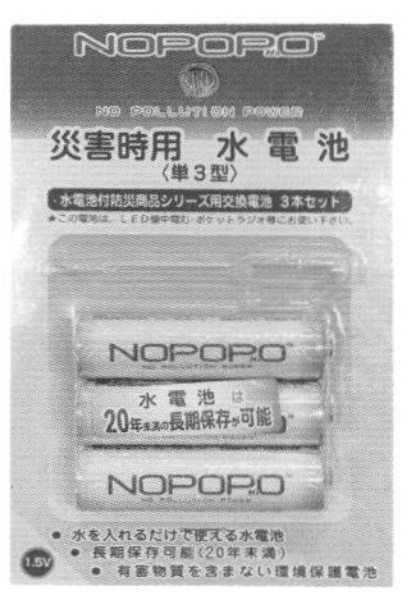

水電池 NOPOPO

日本協能電子／628円（税込）。約20年間保存でき、途中の確認などが不要です。水を少量入れると電池として使えます。電力が弱くなったらふたたび水を入れると、5回ほど使えます。

地域コミュニティの備えとしてもっておきたい

下敷き、閉じ込められた人を救うバールやノコギリ

地震での災害時には、救助隊や自衛隊はすぐに来ません。初動期は、救助しあうことが命を救うことになります。まずは自分の命、家族の命を守ることが重要です。揺れが収まったら、近所で助けあいましょう。

ゆがんだドアをこじ開けるには、バールが必要です。家具や家屋の下敷きになった人がいたら、ジャッキやノコギリがあるといいでしょう。**最低でも、バールとノコギリ、革手袋を用意しておくと安心です。**

自治会やマンション管理組合の防災対策として、救助工具をそろえるよう提案してもいいでしょう。ツルハシやスコップ、油圧ジャッキ、オノ、ペンチ、レンチといった工具をそろえておくと、おおいに活用できます。

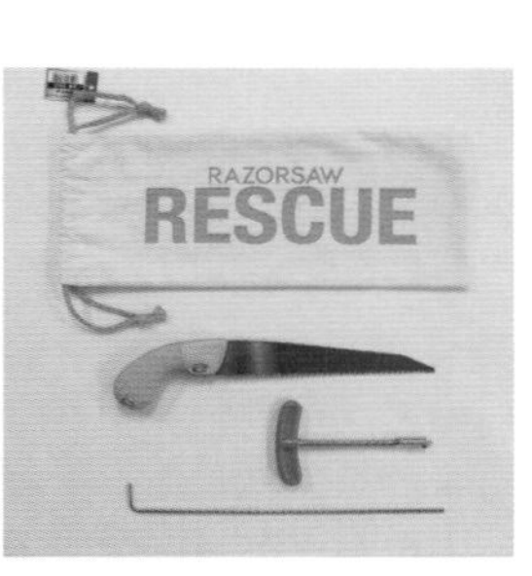

RESCUE 救助セット

RAZORSAW ／ 6590 円（税込）。倒壊家屋に閉じ込められた人を助けるために開発された、救助セット。穴あけ用のハンドドリルと確認棒、ノコギリがセットになっています。

できれば買いたい 8 初級

体育館などの固い床では、寝られない

避難生活での睡眠をサポートする エアーマット

多くの避難所の床は固く、冬は底冷えします。そのため、眠れないという問題が起きてきます。すると、体調不良を起こしたり、抵抗力が落ちて感染症にかかりやすくなったりします。それほど、睡眠は大切なのです。

エアーマットがあれば、空気の層が体をキャッチして「痛い、固い、冷える」といった問題を軽減してくれます。入れる空気の量によってマットの固さを調整できるから、好みに合わせて使用できます。

エアーマットの利点は、空気を抜けばコンパクト収納できることです。使う時は空気を入れるので、小さなエアポンプや空気入れがあるといいでしょう。大きなタイプなら、電動のエアポンプを用意しましょう。

コンフォートエアーマットレスS

コールマン／3980円（税込）。コンパクトで使いやすく、キャンプや非常時に活躍します。空気穴の弁にロックがあり、空気が抜けにくい構造です。別売りのエアポンプとセットで使いましょう。

被災で消耗するビタミンやミネラルを補給

健康被害から身を守るために栄養機能食品は必須

避難生活を余儀なくされて問題になるのが、健康被害です。環境の変化や災害のショック、栄養が偏りがちな食事によって、体調を崩しやすくなります。

ストレスなどでビタミン・ミネラル類を大量に消費するいっぽうで、補給するための野菜や果物は入手しにくくなります。これらが欠乏すると、体力や免疫力が低下し、病気になるリスクが高まってしまうのです。

調理なしで、手軽に栄養補給できるものを備蓄に加えましょう。顆粒や固形、ゼリータイプなどがあります。コンパクトなタイプは、つねにカバンに入れておきましょう。**商品の多くは、賞味期限が数カ月から1年ほどなので、家庭の流通備蓄で保存します。**

カロリーメイトブロック(4本)

大塚製薬／216円（税込)。1袋200kcal。カロリーメイトは日常的に摂取でき、必要な栄養素が効率よく摂れるバランス食品食。味も5種類あり非常時にも飽きません。コンパクトなので省スペースで保存できます。

人の動きを感知して、自動で暗闇を照らす

突然の夜間の避難に重宝する人感センサーライト

夜中の地震に備えて準備しておきたいのが、人感センサーライトです。防犯のために屋外に設置されるイメージが強いのですが、室内用も販売されています。

大きな揺れが起こると、停電した暗闇の中で危険です。**人の動きを感知したら、自動で照らしてくれるライトがあれば、移動や避難もスムーズになります。**

設置したいポイントは、廊下や階段の上下、玄関などがおすすめです。防災はもちろん、日常生活でも夜中にトイレに行く時などに活躍してくれます。とくに階段は危険が伴うので、付けておきます。停電に備えて、乾電池式や充電タイプのものを選んでおきましょう。また、LEDなら省エネだから電池が長もちします。

乾電池式LEDセンサーライト ウォールタイプ 昼白色

アイリスオーヤマ／1166円（税込）。乾電池式なので、いろいろな場所に設置できます。暗い時のみ自動で点灯し、人の動きを感知しなくなったら自動で消灯します。

停電しても備えあれば大丈夫

Chapter 6 知っておくだけで役立つこと

いろんな対策を施し、グッズも用意することは大切ですが、正しい知識をもっておくことも重要です。非常時ともなると、知っておくだけで命が助かる情報があります。ここで紹介する知識を理解しておけば、災害時の行動がきっと変わるはずです。

 二次災害にも気をつけよう 

※川の防災情報のHPなど

のど渇いたー
はいはい
潤沢
ジュース
水の備蓄以外にも
箱買いジュースがあるし
氷もいっぱい
つくっておいてよかった
お兄ちゃんにもあげて
でも生活用水まで
足りるかなあ
お風呂の水を
置いておけばよかった
トイレ
手洗い
洗濯
食事
こんにちはー
誰だろ？
すいませーん
○○町内会の者ですけど

ガチャ

はーい！

この地区の断水は今日１日くらい続くみたいです

夕方に◯◯公園で水が入ったポリタンクを配るので取りに行ってください

はい ありがとう ございます

キャリーカート買っておいてよかったわー！

やっぱり防災は１日にしてならずね！

イエイ!!

いざとなるとパニックになりそうだからもっと準備しておかねば

災害大国ニッポン！生死を分ける 情報収集

自然災害には、台風や大雨・大雪、洪水、土砂災害、地震、津波、火山噴火などがありますが、私たちの暮らす日本は、外国に比べて自然災害が多い国です。また**地球温暖化の影響で、近年はゲリラ豪雨も増えています**。

自然災害の大きな原因が地形。たとえば、日本では地震が頻繁に起こっています。日本は小さな島国で、その国土は世界の大地の0・25%ですが、世界で起こったマグニチュード6以上の大地震の2割が日本で起こっているのです（2000〜2009年のデータ／平成22年度防災白書 内閣府より）。これは地球上のプレートの動きによるもの。日本は4枚ものプレートが集まる地点にあり、これは世界でも珍しいことなのです。地震はこのプレート同士がぶつかることで起こるので、その境目の多い日本では地震が頻発することになるのです。

また、日本の川も特徴的。欧米に比べると長さが短く、勾配が急、つまり同じ標高差で見ると水の流れが速いのです。ひとたび大雨が降ると水かさが急激に増加し、こらえきれなくなると洪水になります。さらに、日本は人口が低地に集中していることも特徴に挙げられます。洪水の際の水面よりも低い位置にある土地のこと

高解像度降水ナウキャスト

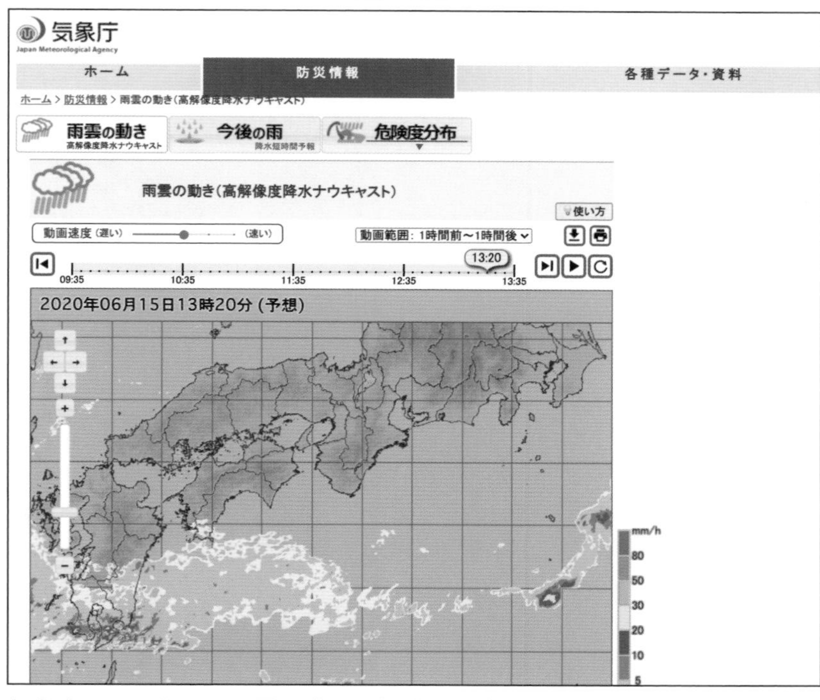

気象庁のサイトで、雨雲の動き、短時間の降水予報、危険度分布などを見ることができます。

を「洪水氾濫域」といいますが、この面積は国土の約10％を占め、全人口の半分以上が住んでいるのです。

自然災害はいつ訪れるかわかりません。しかし、予想して備えることはできます。**近年増加傾向にある台風や豪雨の情報を確認するには気象庁のサイト「高解像度降水ナウキャスト」が便利**。1時間後までの雨雲の動きの予報が5分刻みで表示され、土砂災害や浸水害、洪水の危険度分布も見ることができます。災害から身を守るには、信頼できる情報源を得ることがとても大切です。

ハザードマップは必携 災害別に確認しておこう

ハザードマップとは、被害予測地図とも呼ばれ、自然災害による被害を予測して記した地図です。自然災害の被害は地域によって、また災害の種類によって変わります。ハザードマップも各自治体がエリアごとに、また災害別に発行しています。地域ごとに配布されることも多く、また自治体のホームページでも見ることができます。ハザードマップを入手したら、家の周りをはじめ、学校、職場など、よく過ごす場所の周辺にどのような危険があるのかを把握しておきましょう。また指定避難場所がどこなのかも確認しておきたいところです。

便利なのが、**国土地理院のサイトにある「重ねるハザードマップ」**。また、ＮＨＫのホームページにある「あなたの天気・防災」というページでは、設定した地域の天気と防災・減災情報のタブを切り替えるだけで確認することができます。**ウェブのこうした機能は自分のためだけでなく、離れて住む家族の状況を知るのにも役に立ちます**。

また、ハザードマップは随時更新されます。定期的に自治体のサイトなどを確認するとともに、家族でハザードマップを見ながら話し合う時間をもつことをおすすめします。

「重ねるハザードマップ」の例

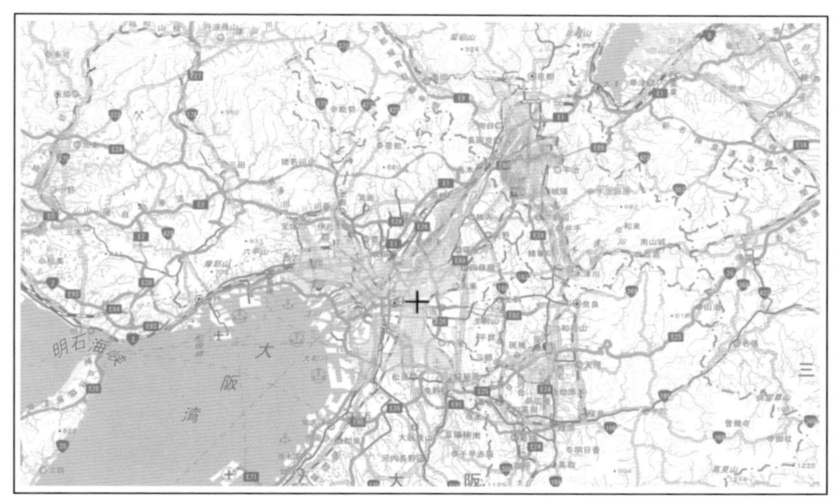

サイト内では、災害種別で選択したリスク情報を見ることができます。写真は大阪市の「洪水」を選択した場合のリスク情報。

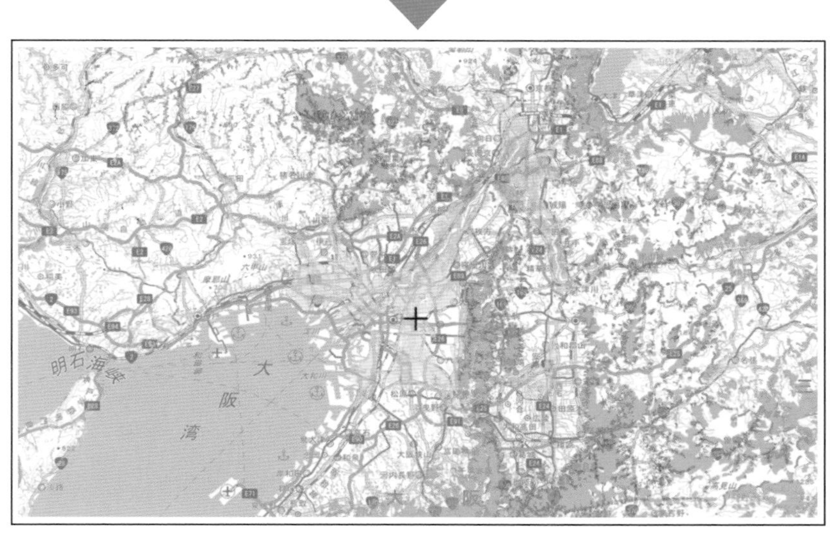

上記で示した「洪水」リスクに、「土砂災害」のリスクを重ねた場合のリスク情報。このように、「洪水」「土砂災害」「津波」「道路防災情報」のリスクを重ねて見ることができます。

出典：ハザードマップポータルサイト

災害はくり返す！土地の歴史は知っておくべき

　長い歴史の中で災害はくり返し起こっています。被害にあった先人たちは、その教訓を石碑（せきひ）などにして後世に残してくれていることがあります。たとえば、２０１８年に起こった西日本豪雨の際に多くの被害者が出た広島県坂町には、１１１年前の大水害の状況を刻んだ石碑が建てられています。急激に川が氾濫（はんらん）し多くの被害があったことが記されていますが、現在、付近に住む人々はあまり意識していなかったようで、豪雨の際に避難勧告に従って避難したのは住民の半数程度にとどまったとされます。

　過去の教訓を知っておくこと、生かすことは重要です。国土地理院では、全国にある自然災害伝承碑の情報を収集中で、２０１９年３月からは**新しい地図記号として「自然災害伝承碑」を制定**しています。同院発行の地図に表示されるだけでなく、国土地理院のホームページでも**47都道府県の「自然災害伝承碑」の閲覧が可能**になっており、随時更新されています。

　また、住民の間に伝わる言い伝えがあれば、それも知っておきましょう。「朝に雷が鳴ったら橋を渡るな」、「超大漁の翌年には大津波」など、長年の経験則から伝えられる言い伝えは、防災意識の向上に役立ちます。

あなたの町の自然災害伝承碑は？

● 新しい地図記号と使用例

1:25,000 地形図「東京西部」

出典：国土地理院

「自然災害伝承碑」の地図記号は 2019 年に新たに制定されたものです。国土地理院のホームページでは、石碑の内容、死者数などの被害の規模を示す情報も追加されています。

水害碑

概要	
碑名	水害碑
災害名	洪水・土石流（1907年7月15日）
災害種別	洪水・土砂災害
建立年	1910
所在地	広島県安芸郡坂町小屋浦四丁目
伝承内容	明治40年(1907)7月15日、数日来降り続いた豪雨により天地川や総頭川で土石流が発生した。この未曾有の大災害により、小屋浦地区では43戸の家屋がつぶれ、44名の命が奪われた。関連外部サイトへのリンク集

ID:34309-002

広島県坂町に立てられている水害碑

出典：国土地理院ウェブサイト
国土地理院ウェブサイトを一部加工して作成

家具を固定することで窒息死・圧死リスクを軽減

震度7を記録した1995年に発生した阪神淡路大震災の際、地震が原因の死者は約5500人。そのうちの約8割が倒壊した家屋での窒息死・圧死だったといわれています。そのほとんどが即死でした。つまり、**家屋や家具などの下敷きになってしまったら助け出す余地がないケースが大半**である、ということです。

家具が倒れるとどのようなことが起こるでしょう。たとえば、寝室の本棚が動くと、中の本が寝ている人の上に飛んでくるかもしれませんし、本棚ごと倒れてくる可能性もあります。

また、食器棚が倒れると、中の食器が割れて散乱し、逃げようにも足の踏み場がなくなることもあります。家電の固定も重要です。阪神淡路大震災では、ピアノが移動し、テレビや電子レンジは倒れるのではなく飛んできたという、驚くような報告もあります。さらに、倒れた家具で通路が塞がれ、建物の倒壊を免れたとしても、スムーズな避難ができないということも起こります。とくに寝室にいる時などは無防備ですから、家具の配置にも工夫が必要でしょう。

ひとたび大地震が起これば、部屋に置いてあるものはすべて倒れると考えて日頃の備えを行いましょう。備えあれば憂いなしです。

大地震で起こること

● 阪神淡路大震災の死亡原因のグラフ

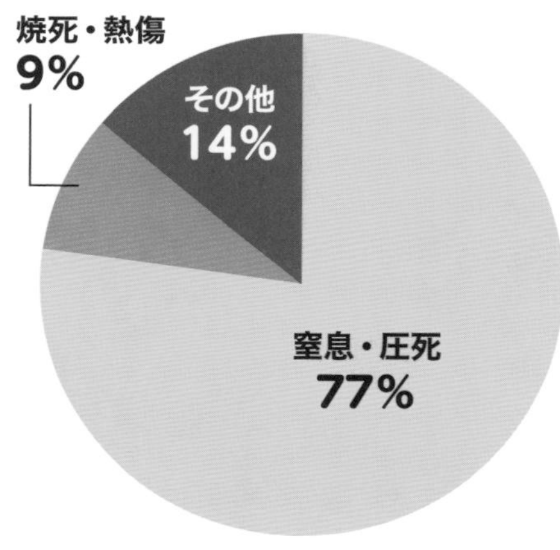

出典：『阪神・淡路大震災調査報告　総集編』(阪神・淡路大震災調査報告編集委員会、2000年)、厚生省大臣官房統計情報部「人口動態統計からみた阪神・淡路大震災による死亡の状況」(1995年12月)を参考に作成。

注1：「その他」には、頭・頸部損傷、内臓損傷、外傷性ショック、全身挫滅、挫滅症候群などがある。

注2：死者総数5488人

注3：消防庁発表による2000年12月現在での死者数は6432人（関連死者数910人を含む）。

● 震度5強における状態の目安

- モノにつかまらないと歩くことが難しい
- 棚にある食器類や本で落ちるものが多くなる
- 固定していない家具が倒れることがある
- 補強されていないブロック塀が崩れることがある

ガケ崩れ、土石流、地すべり 土砂災害は一瞬のうちに起こる

自分が住んでいる地域の災害の記録を知ることは、家族と住まいを守ることに直結します。とくに**土砂災害は一瞬にして人の命を奪う恐ろしい災害で、地形によって起こりやすい土砂災害があります**。日本全国には防災センターや体験施設があるので、近くの施設に一度家族で足を運んでみるとよいでしょう。自分の地域でどんな土砂災害が起こりやすいのか、災害が起こった時はどういう状況になるのか、災害想像力を養うことができます。

土砂災害は大きく分けて「ガケ崩れ」、「土石流」、「地すべり」の三つがあります。「ガケ崩れ」はガケの斜面が雨水などによってゆるむことによって、突然崩れ落ちる現象です。**自宅の1階にいると崩れ落ちた土砂に巻き込まれることがあるので、危険を感じたら速やかに避難しましょう。**「地すべり」は雨水や地下水などが、土の中の粘土層の上にたまり、地面がずるずると移動する現象で、比較的長い時間をかけて発生します。「土石流」は集中豪雨などによって、川や谷にたまった土砂や木、石などが水と一緒に一気に流れ落ちてくる現象です。それぞれの災害に前兆らしき現象があるので覚えておきましょう。

知っておきたい土砂災害の前兆

土砂災害は大きく分けて「ガケ崩れ」「土石流」「地すべり」の三つがあります。

ガケ崩れ

- ガケにひび割れができる
- 小石がパラパラ落ちる
- 新たな湧水ができる
- 湧水が止まったり、停止したりをくり返す

など

土石流

- 川の流れが急に濁る
- 流木が流れてくる
- 山から地鳴りがする
- 雨が降り続いているのに、川の水かさが増えない

など

地すべり

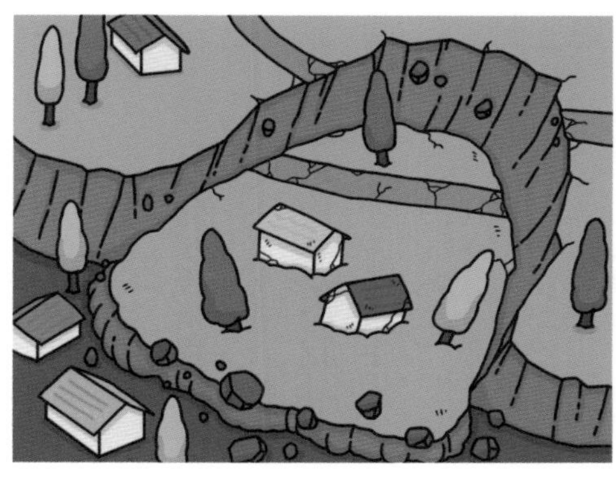

- 地面がひび割れる
- 井戸や沢の水が濁る
- 樹木が傾く
- 亀裂や段差が発生する

など

緊急地震速報が鳴ったら1分程度、身を守る

地震があった時に気象庁から発表されるのが「緊急地震速報」。大きく分けて、「警報」と「予報」の2種類があり、「警報」の中で予想震度が大きいものを「特別警報」としています。

注視しておきたいのは「緊急地震速報（警報）」です。地震の発生直後に震源に近い地震計でとらえた観測データから震源や地震の規模（マグニチュード）をすばやく解析・推定し、最大震度が5弱以上と予想された場合に、震度4以上が予想される地域を対象として発表されます。

この気象庁の発表を受けて、対象となった地域のテレビやラジオ、防災行政無線などからはアラームなどで広く警戒を呼びかけます。

また、対象地域にある携帯端末[※]にはいっせいに緊急地震速報が配信されます。ブーブーというブザー音と「地震です」というアナウンスがくり返されるとともに、バイブレーション機能が作動、待ち受け画面にも警戒情報が表示されます。緊急地震速報（警報）を受けたら、すぐに地震に備えましょう。**震源から遠い場合には揺れがはじまるまでに時間がかかるので、1分程度は安全な場所でじっとしていましょう**。また、一般的には、強い揺れは長くても1分程度。その間は身を守ることに徹しましょう。

※ 緊急地震速報（警報）を配信しているのは、NTT ドコモ、au、ソフトバンク、ワイモバイルの4社

緊急地震速報を受信した時の行動

家にいる時……

- モノが倒れない場所に逃げて、頭を守る
- キッチンにいる場合、猶予がないならキッチンからすぐ出る、あるなら火を消す
- ドアや窓を開ける

外にいる時……

- 上からモノが落ちてこないか確認する
- 倒れそうなモノから離れる
- カバンなどで頭を守る

運転中は……

- ハザードランプをつけながら、路肩に停車する

エレベーターでは……

- エレベーターのボタンをすべて押す。
- 止まった階で降りる

風水害、地震、雷、竜巻など災害別に取るべき行動が違う

災害によって、取るべき行動は変わります。状況によって臨機応変(りんきおうへん)な対応が必要ですが、重要なポイントを知っておくと安心です。

風水害

まず事前の情報収集が大切。天気予報などをマメにチェックしましょう。

そのうえで、台風が近づいている時には不要不急の外出は避けます。屋内が安全ですが、地下は厳禁です。**大雨になって浸水すると地下に水が流れ込み、水圧で扉が開けられなくなる危険があります。**

外出先でも同様です。地下街などにいる場合にはすぐ地上へ。川や崖が近い場合には、洪水や土砂災害の危険もあるので早めに避難行動を開始しましょう。また水害の場合、車は冠水すると水圧でドアが開かなくなる危険があります。

地震

まずは頭を守りながら飛来落下転倒物から離れます。その後、比較的モノの少ない場所に身を寄せてようすを見ます。

次に、揺れが収まったのを確認してから、出口を確保したり、火元を確認したりして余震に備えます。津波の浸水危険地域では揺れが収まったらすぐに避難を開始します。

状況に応じた避難行動を！

● 水害では垂直避難も有効

避難所へ移動することを「水平避難」、自宅の２階などへ避難することを「垂直避難」と呼びます。すでに道路が冠水している場合は垂直避難のほうが安全な場合があります。ただし、自宅の２階に避難していても大きな土砂災害や洪水では自宅とともに押し流されることがあるので、状況に応じた判断が必要です。

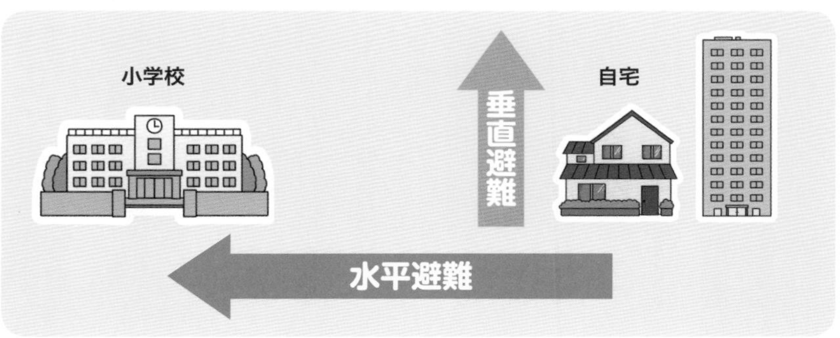

● 災害別に避難方法を知っておこう

津波	近くの高台や津波避難タワー、津波避難ビルなどへ避難
大雨・台風	地下に水が流れ込むことがあるので地上へ出る
雷	安全な鉄筋コンクリートの建物の中や車の中などに逃げ込む。近くに安全な場所がない時は６m以上の木や電柱から４メートルぐらい離れる
竜巻	屋外にいる場合は頑丈な建物などに避難。屋内では窓ガラスのない空間で身を小さくして頭を守る
火山噴火	火山灰から目を守るためにゴーグルを着用し、防塵マスクも着用して避難。避難場所は「火山防災マップ」で確認しておく

普段から意識したいピクトグラム

ピクトグラムとは案内用図記号のこと。文字を使わず、直感的に情報を伝えることを目的につくられており、建物の中にある非常口のサインなどがよく知られています。

災害の注意喚起や避難所の明示などにもこのピクトグラムがあり、全国的に統一されています。防災用ピクトグラムはたくさんありますが、各種避難所のサインなど、おもなものを知っておくと安心です。**普段の生活から防災関連のピクトグラムに注意をしておけば、いざ災害の危険が迫った時に避難する場所や安全なルートを選ぶことができます。**

土石流

災害のうち、土石流に対しての情報を示します。

津波／高潮

災害のうち、津波または高潮に対しての情報を示します。

崖崩れ・地すべり

災害のうち、崖崩れおよび地すべりに対しての情報を示します。

防災関連のピクトグラム

広域避難場所

指定された「広域避難場所」を示します。広域避難場所とは、地震などによる延焼火災のために用意された、おおむね10ヘクタール以上の広さの場所をいいます。地域特性に応じて自治体が地域防災計画に基づき選定しています。

避難所（建物）

災害の危険性がなくなるまでの間、または家に戻れる状態になるまでの間、一時的に滞在できる避難所を示しています。

洪水

該当の地域が「洪水の影響を受ける可能性がある」という意味を示しています。想定浸水深や実績浸水深をはじめ、洪水時に利用できる避難所など、洪水に関連する各種情報を発信するために使用されます。

津波

津波に関する情報全般を表示する際に使用されます。「海抜◯M」という表記とともに使用されることもあり、地域の海抜を知る手がかりとなります。

津波避難ビル

津波に対して安全な避難場所（津波避難ビルなどの建物）の情報を示しています。学校や民間住宅のマンション、ホテルなどが津波避難ビルとして指定されていることが多いです。

洪水／内水氾濫

洪水または内水氾濫に対しての情報を示します。内水氾濫とは、市街地に排水能力を超える多量の雨が降るなどの影響で、排水が雨量に追い付かず建物や土地が水に浸かる現象のことです。

出典：国土交通省

防災を毎日の習慣にしていこう

マサコさんと出会って
防災を意識するように
なってから
私は変わったと思う

家の中のモノも
スッキリして
片づいた状態を
キープできるようになった

災害情報にも
敏感になったと思う

むむ!?

●●県●●市で
土砂災害が起こり……

NEWS

♪ピンポーン

マサコさん

こんにちは
防災さんぽで
見つけたケーキ屋さんで
買ってきたの

一緒に食べましょ

わーい♪

CAKE

アサエさんの家
ずいぶん
変わりましたね
ありがとう！
われながら
スッキリしたと思う
おいしそ～っ
見てください
今のキッチンなら
震度4くらいの地震が来ても
調味料が倒れるくらいです
カタッ

包丁を使ったら
すぐしまうとか
床にモノを
置かないとか
使う
すぐしまう
宅配便で
届いたまま
クリーニング
出すもの
床に
置きがち
広くなる
障害物なし
意識して
やっているうちに
身に付いてきた
気がするのよ
すばらしい
ですね！
パチパチ
パチ
家族もみんな
防災を意識できるように
なったと思う、ホラ
行き先ボード
パパ 会社(終日外まわり)
ママ パート
ハルキ ○○くんち
ユメ 保育園
※ママが書きました
先日の台風で
子どもたちも
ライフラインが
止まると
困るってことが
わかったみたい
わー
わーん

ユメは
水や電気の節約に
目覚めていたわ
ポチ
誰も
いないのにっ
ポチ
さすが
ユメちゃん
普段から水や電気を
無駄に使いすぎないように
しておくと防災にも
役立ちますよ
そうよね
いつ何が起こるか
わからないもんね
そう！
防災は
特別なことでは
なくて
むしろ
普段の生活の中で
習慣として
取り入れていくのが
いいと思います
すぐ消す
プチ
片づけ
床に置かない
そうね！
家族がたくましく
生きていけるように
私も防災習慣を
続けていくわ！

本書で紹介した商品一覧（五十音順。敬称略）

※掲載商品と価格は取材時点のものであり、取り扱いが終了している場合があります。
※ご協力くださいました、企業様には感謝申し上げます。

参考文献

マガジンハウス 編
『自衛隊防災BOOK』(マガジンハウス)

マガジンハウス 編
『クロワッサン特別編集［増補改訂］最新版 地震・台風に備える防災BOOK』
(マガジンハウス)

国崎信江 監修
『防災 これだけは「知っておきたい」BOOK』(主婦の友社)

草野かおる 著
『4コマですぐわかる　新　みんなの防災ハンドブック』
(ディスカヴァー・トゥエンティワン)

辻直美 著
『レスキューナースが教える プチプラ防災』(扶桑社)

建設省 自治省消防庁 監修
『地震による家具の転倒を防ぐには』(家具の転倒防止対策に関する検討委員会)

『災害時におけるペットの救護対策ガイドライン』(環境省)

東京都総務局総合防災部防災管理課 編
『東京防災』(東京都)

ウェブサイト

総務省　災害用伝言サービス

環境省自然環境局　動物愛護管理法

環境省　災害時におけるペットの救護対策ガイドライン

内閣府　防災情報のページ

日本赤十字社

消防庁　一般市民向け応急手当WEB講習

農林水産省　災害時に備えた食品ストックガイド

NHK　となりの防災家族

一般財団法人国土技術研究センター

一般財団法人日本気象協会

生協パルシステム「KOKOCARA」

「マンション・ラボ」

株式会社NTTドコモ

エコフューチャー株式会社

サンワサプライ株式会社

西日本電信電話株式会社
(NTT西日本)

ほかに、新聞各社、研究機関のホームページなどを参照しています。

● 監修者プロフィール

国崎信江（くにざき・のぶえ）

「危機管理教育研究所」代表として、女性・生活者の視点で防災・防犯・事故防止対策を提唱。国や自治体の多くの防災関連の委員を務めるかたわら、講演やテレビ・ラジオ・新聞・書籍などで情報提供をしている。一般的な防災対策から、家庭の防災、地域防災、施設防災、企業防災など、また、地震から家族を守る方法、災害から財産を守る方法、防災用品を準備するポイント、発災時の避難所運営など——被災地支援の経験をもとに、幅広い内容での講演を行っている。おもな著書に『もしものときにきみならどうする？　防災（全3巻セット）』（WAVE 出版）、『保育者のための防災ハンドブック』（ひかりのくに）、監修書に『災害時の食のお役立ちBOOK』（メイト）など多数。

● 編著者プロフィール

クリエイティブ・スイート

書籍・雑誌の企画・制作会社。在大阪。取材・執筆活動もこなしており、得意分野は歴史、生活実用、理系と多岐にわたる。おもな制作物に『名医が考えた 認知症にならない最強の食事術』『もの忘れ・認知症を防ぐ！脳活ドリル 毎日楽しい100日間』『決定版 自力で免疫力を上げる 腸の強化書』（以上、宝島社）、『ダメなお姉さんとの快適生活マニュアル』（PHP 研究所）、『今日から使える行動経済学』（ナツメ社）などがある。

● スタッフ

執筆／清塚あきこ、古田由美子
デザイン／小河原德、大槻亜衣（c-s）
漫画・イラスト／すぎやまえみこ
編集担当／山路和彦（ナツメ出版企画株式会社）

大切な家族と自分を災害から守る
はじめての防災ブック

2021年 1月 4日　初版発行

監修者　国崎信江　Kunizaki Nobue, 2021
編著者　クリエイティブ・スイート　©Creative-Sweet, 2021
発行者　田村正隆

発行所　株式会社ナツメ社
東京都千代田区神田神保町 1-52ナツメ社ビル 1F（〒101-0051）
電話　03（3291）1257（代表）　FAX　03（3291）5761
振替　00130-1-58661
制　作　ナツメ出版企画株式会社
東京都千代田区神田神保町 1-52ナツメ社ビル 3F（〒101-0051）
電話　03（3295）3921（代表）
印刷所　ラン印刷社

ISBN978-4-8163-6930-8　Printed in Japan